伝説の葉上大阿闍梨

横山照泰 編著

善本社

1986年10月　イタリア・アッシジ「世界平和祈りの集い」

1986年10月　イタリア・アッシジ聖フランシスコ教会広場「世界平和祈りの集い」

1987年8月4日　比叡山宗教サミット「世界平和祈りの集い」於：比叡山延暦寺

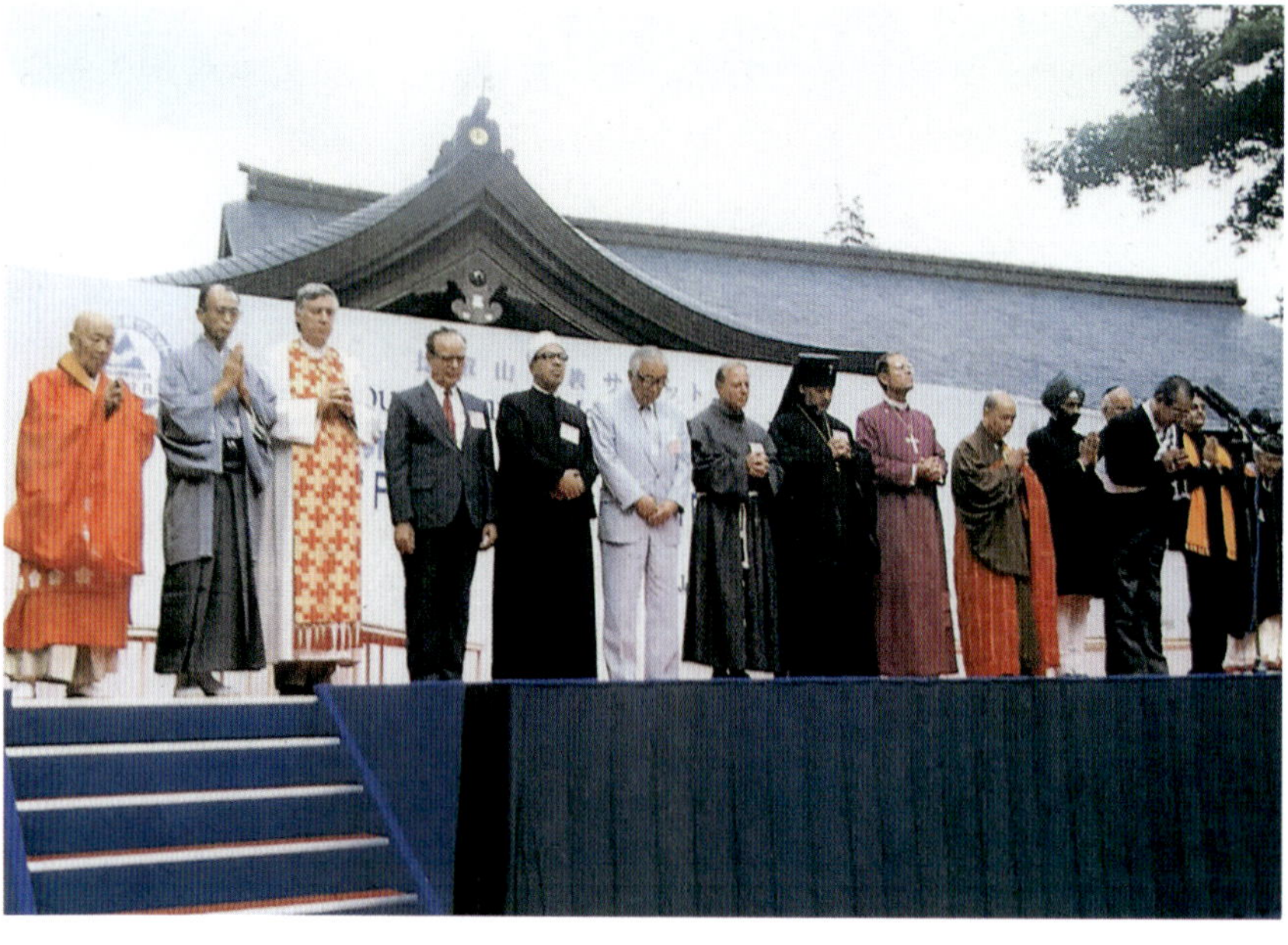

1987年8月4日　比叡山宗教サミット　於：比叡山延暦寺

1987年8月　比叡山宗教サミット対話集会開会式典　於：京都宝ヶ池プリンスホテル

1987年8月4日　比叡山延暦寺の会場

皇太子殿下（現天皇陛下）をご案内する葉上阿闍梨　於：高山寺

左．葉上阿闍梨　右．念法眞教開祖小倉霊現燈主

葉上照澄　阿闍梨

はじめに

「伝説の葉上大阿闍梨」の出版に際して

生命がこの地球に誕生したのは、今から40億年前、とりわけ、その中でも人間は特異な進化を遂げ、ことに紀元四～五〇〇〇年前より、自らの文明を切り開いてきました。それはアニミズムと称される精霊信仰に基づく自然との調和を保ってきたわけです。しかし、近世の哲学の分野でデカルトによる「われ思う、ゆえにわれあり…」と言う神と人間の関係において新たなとらえ方をしたことにより自然と神、神と人間といった関わりが大きく変わってまいりました。この近世においては、「神は死んだ」とまで言われ、これらの考え方が、その後の世界に大きな変革をもたらし、神・自然に対する畏敬《いけい》をなくしてしまったのです。

人類は厳しい環境に立ち向かうために科学の知見により、文明を開化させてきました。しかし、自然の猛威は止まることを知らず、人類はその前になす術《すべ》もありません。これらの現象は古代においては神の仕業とされてきたのです。しかし近世になるとこの呪縛《じゅばく》が解けたことにより哲学・思想の領域に新風を巻き起こし、西洋近代科学は驚異的な発展を成し遂げるのです。

古代文明は、人々を取り巻く環境変化の中に神の存在を見いだし、それが人間の行動に制限を課してきました。しかし、デカルトに代表される西洋近代哲学の展開により、西洋近代文明に端を発する近代科学文明は驚異的な発展を遂げるのです。このように、今日の繁栄は偏《ひとえ》に西洋近代思想・哲学に寄るところが大きいのですが、近年においては、技術が先行する余り社会科学（宗教・哲学・思想・倫理）の分野の停滞が散見し、今までに無い試練を味わっているのです。

ここに今一度、宗教・哲学は何のためにあるのかを思い起こし、科学万能の時代においても色褪せない、むしろ今だからこそ、その必要性を訴え、善知識となる祖師・先哲の真髄に触れ、英知を導き出していかなければならないと考えます。

まずは、師である葉上阿闍梨が西洋哲学を踏まえ、伝教大師との出会い、回峰行の体験を通して『合理を踏まえて、合理を超えた世界…』と、回峰行を独自の視点で理論的に解説された功績は高く評価されるものです。また、回峰行を終えられた後は「世界回峰」――（世界平和）を願い世界を股に東奔西走された葉上阿闍梨の思想・信条を、混迷の現代に生かすべく、ここに顕彰していくものであります。

二〇一八年　四月吉日　於：望湖庵　横山照泰

伝説の葉上大阿闍梨

もくじ

第一章　比叡山の回峰行

(一) 回峰行の創始者・相応

回峰行の創始者と言われている相応和尚《そうおうかしょう》は、今から千百年前の方で近江の国浅井郡の生まれ。八四五年（承和十三年）十五歳のとき初めて比叡山に登り僧侶としての第一歩を踏み出すのですが、相応はそのころから修行の合間に毎日山中より花を摘み、根本中堂の薬師如来にお供《そな》えすることを秘かに続けられていました。そのことが近くに住房を構えていた円仁（慈覚大師・伝教大師の弟子　中国に九年間修行、のちの天台座主）の目に留《と》まり、その信心の堅固なところを見出され直弟子となります。このことを機縁に宗祖（最澄）の遺訓に基づき籠山十二年の修行に入られるのです。

叡岳に生身の不動明王を顕現するために、法と国家鎮護の悲願を立て、幽深の地を探し求め、薬師如来の示現により比叡南岳の地を示され、これが比叡山無動寺谷の始まりとされるのです。

当時各地の山岳においては、修験的修練が行われつつあり、それらを参考に独自の山岳巡行を編み出し、これを回峰修験と称し、法華経中に説かれている常不軽菩薩《じょうふきょうぼさつ》の誓願を根本精神に置いたのです。

相応が十七歳のとき法華経に触れ、特に第二十品に説かれている常不軽菩薩に感激され、その内容は、常不軽菩薩が会う人ごとに「あなたは仏様だ、わたしは深くあなたを敬います」と拝まれたのです。

その精神は「不専読誦《ふせんどくじゅ》・但行礼拝《たんぎょうらいはい》」と言われ、経を読むことを専《もっぱ》らにせず、ただ礼拝を行う。一切を拝むのが常不軽菩薩です。すべての人々が持っている仏性（凡《すべ》ての人は仏の種を宿している）を拝むのです。しかし、実際それをやろうとすると精神障害者扱いされるので、お花を持って根本中堂に通われたそうです。これが史実上の回峰行の起源とされています。

「道心」より

『不軽菩薩

あらめの衣身にまとい

城より城をへめぐりつ
上慢四衆《じょうまんししゅう》の人ごとに
菩薩は礼《いや》をなし給ふ
（われは不軽ぞかれは慢こは無明なりしかもあれいましも展《ひら》く法性《ほっしょう》と菩薩は礼をなし給ふ）
われ汝等を尊敬《そんけい》す
敢て軽賤《きょうせん》なさざるは
汝等作仏《さぶつ》せん故と
菩薩は礼をなし給ふ
（ここにわれなくかれもなしただ一乗の法界ぞ法界をこそ拝すれと菩薩は礼をなし給ふ）
実にいいでしょう。──私はこれが好きなんです。
但行礼拝──修行は懺悔と礼拝によって許される。これが宗教ですね。』

これは、最澄様の意を体するものであり、また、四種三昧の一つである常行三昧にもあたるもので、肉体的な苦痛を乗り越えたところに、さらに高い境地のあることを知見して生身の不

相応和尚

動明王に生まれ変わり、衆生救済していくという体系を完成されたのです。

そのいでたちは、頭に蓮華の檜笠《ひのかさ》を頂《いただ》き、草鞋《わらじ》は蓮華台を表わし腰には降魔の剣を差し、まさに、不動明王の魔を砕き衆生を救済する姿なのです。相応和尚伝の中には、比叡山無動寺での十二年籠山中の相応に外護者である西三条良相の娘で文徳天皇のお后《きさき》だった藤原多賀幾子が重病にかかり、なにを持ってしても好転しないところ、相応の祈請《きせい》を求める書簡が円仁の下に届き、かねてより十二年間山を下りぬ覚悟をしていた相応でしたが西三条公の招請《しょうせい》と恩師円仁のたっての願いでもあり、それを承知し、まず山を下りて要請に応えることになりました。

「西三条家に参上、並居る僧らを前に和尚は殿中には上らず遙か庭前の白洲から病床を望み、修験祈祷をはじめたところ、やがて平静の状態に還り、さしもの奇病も立ちどころに平癒した」と示されています。

相応は再び大願を目指し、更なる静寂幽邃《ゆうすい》の地を求めて比良山中を彷徨し、比良西側の聖地を見いだし、ここに三か年参籠《さんろう》します。これが今日の葛川参籠、葛川明王院の起源となっているのです。

このように数々の霊験を現わし、修験の誉れ高い相応を清和天皇は御所に招請。更に幾多の験を現わすことになります。

無動寺の回峰行が一期千日を持って満行したものを大行満と言い、大行満が御所に草鞋履きで参内し、玉体安穏を祈念する土足参内は、ここからはじまるのです。

（二）修行に見る超越の世界

回峰行については、わたし自身百日の回峰行しか経験がなく、偉そうに語る資格などございませんが、師の葉上阿闍梨が千日回峰行者であり、親しく接している中で回峰行についてお話を聞く機会もありました。また師の書かれた「道心」からも知ることができました。「道心」で回峰行は千年近く比叡山を代表する修行で、誰もができる行ではないことも知りました。それは過酷な行であると同時に一度始めたらもとには戻れないということです。行中何が起ころうが行を続行しなければならない、中断は死を意味するのです。それ故、これ以上継続できなければ自らの命を絶つという厳しさがあるのです。師はこの行に四十五歳から入るのですが、入行して五年目七百日が終わるとその後九日間お堂に籠っての断食・断水・不眠・不臥です。九日間が過ぎてその状態を見ると瞳孔は開き、たまたま行者の身体データを採っていた医者が、「葉上さん死んでるで！」と言ったという、まさに死からの生還です。

回峰行は千年の歴史があると前に述べましたが、伝統に則《のっと》って細部にわたって取り決めがなされています。その意義付けを実に巧妙に理にかなった解釈で説明されています。例えば全行程七里半という距離の説明においても、日本では八は最上数で、八の手前ということで七里半だとか、千日の千は、無限を表わします。「無限にやっておっても完全とは言えないのだ。八に足らぬのだ、未完成なんだ。……ただどれを取っても、新鮮な驚きで、なるほど、なるほど、と思うことばかりでございます」と言われ、行の組み立て、理由付けを合理的にしかも修行の世界は合理を超えたところに本筋があると言われています。

これも師が若かりしころからドイツ観念哲学を専攻された一面が現われているのではないかと思います。

（三）回峰行

三月末、比叡の山はまだ肌寒く雪が舞い、指がかじかむ日もあります。百日回峰も千日回峰も同じで、この最初の一歩から始まるのです。

とにかく無我無中で、出峰（回峰行の初日）の晩などは興奮して一睡もできないありさまです。多少山での生活に慣れたとはいえ実際行が始まるとそんなに甘くはなく、二日目、三日目と足は重く、筋肉痛で足を引き摺っての山廻りになるのです。山より下り坂本の町に降りるころには夜も明け、人や車の往来も次第に増え、人前で回峰行者が足を引き摺って歩く無様な姿も見せられず、痩せ我慢して平静を装うのです。家並みを過ぎ山中に入ればもう安心といった感じで足を庇《かば》う始末です。このような状態は始まってから二、三週間続き、その内慣れるとはいうものの、今度は

千日回峰行の葉上阿闍梨　於：戒壇院

千日回峰行・京都大廻り　於：清水寺

足のひび割れに悩まされ、足の指先、踵が割れ、足を地に着けるたびに痛みが全身に伝わり、飛び上がる始末です。出血もあり実に痛々しく情けない限りです。しかし、ひと月も過ぎると足も慣れ、今までが嘘のように石や木株を蹴飛ばそうが多少のことは堪えられるのですから凄いものですね。

春先きは生命の息吹きを感じる芽吹きの時期です。日々変わる景色、行者を迎えてくれる木々草花は日増しに装いを変え、木の芽も初めは透き通るような淡い緑から次第に萌黄《もえぎ》色になり、命が眠りから覚め一気に吹き出すような躍動感があります。また春先きの比叡のみ山は、日の出は雲海を伴い、屋根づたいでは自身が雲

九日間の断食・断水・不眠・不臥を終え出堂する様子

の上を飛んでいるような感じさえします。雲が川のように流れそれは幻想的な光景です。

既述したように、千日回峰行は足掛け七年を一期とします。五年目で六、七百日を終えると当行満と称され、ここで九日間の〝堂入り〟と言って無動寺谷の本堂・明王堂に籠り、九日間の断食・断水・不眠・不臥の行に入るのです。

回峰行はこの七百日までが「自利行《じりぎょう》」といって自己完成のための行ととらえ、九日間の堂入りを経て行者自身は名実ともに〝生身の不動明王〟として生まれ変わり、これ以降は「利他行」いわゆる、人々のために修行に励むのです。六年目は赤山苦行で、比叡山の山廻り三十キロに京都側の赤山禅院参拝が組み込まれ、全行程約六十キロです。最後の七年目が百日間の京都大廻りで山廻りに京都旧市街が加えられ距離は八十四キロに延長、睡眠時間は二、三時間と極端に短かく、超過酷な修行になるのです。この年は大廻りが終わり残り百日（実質七十五日）山廻りで締め括《くく》られ大行満の称号を給り、その後、故事に倣って〝土足参内《どそくさんだい》〟といって京都御所に参内（宮中に参上すること）しての玉体加持《ぎょくたいかじ》（天皇の玉体安穏の加持）を行ないます。

このように、相応和尚を始祖とする回峰行は、先人の努力により形が整えられ、合理的かつ教理的裏付けをもって今日に引き継がれているのです。

（四）法華経に心惹かれる宮沢賢治

ねがわくは
妙法如来
正偏知
大師のみ旨
成らしめたまへ

宮沢賢治

写真右が宮沢賢治の実弟・宮沢清六（根本中堂：賢治忌）

童話作家・宮沢賢治の育った時代は新制日本が明治・大正と世界の列強に加わって、追いつけ追い越せと富国強兵・殖産興業の号令の下発展しようとする時代です。日清・日露の戦争と国防戦略や社会整備に力を注ぐ浮《うわ》ついた時代でした。

賢治は裕福な家庭に生まれながら、他方、社会に苦しむ人々のことを考えずにはいられなかったという背景があります。そんな中、家業の金融業（質屋）のなりわい、宮沢一族の人材教育、父政次郎との宗教的対立。そして、この時代の革新的雰囲気を求める心情と革新性が相まって賢治は信仰運動にのめり込むのです。

そして島地大等編「漢和対照・妙法蓮華経」を

読んで異常な感動を覚えるのです。それは「法華経」には、第一に社会の中の人間の生きがいが問われていること。また、人々と一緒にという社会的意義が同時に描かれていること。第二には「永遠の生命に生きる」という法華経の命題です。

賢治は「法華経」妙法蓮華経如来寿量品第十六を読んで身震いするほど感動を味わうのです。寿量品の中に説かれている「久遠釈尊」の教えに永遠の生命の境地を見出すのです。「久遠の釈尊」とは、過去・未来が現在と交差する宇宙空間「法界（空間）」での展開なのです。「法界」とは、地上の限定された平面の世界ではなく、宇宙空間から見つめるという感覚を法華経を通して摑み、物語の展開は、我々人間を別な観点から俯瞰するような語りで始まるのです。

第二章　比叡山入山の動機

（一）一大転機

葉上阿闍梨は元来、岡山の寺の生まれで、小学一年のときに得度されています。しかし、物心がついたころから寺のあり方、僧侶の生き方に疑問を感じていました。それは古い体質に対する単なる反発だけではなかったようです。その証拠に大学の専攻は寺の出身だから誰しも印哲（インド哲学）を思い浮かべるところ、全く予想しなかったドイツ哲学を選ぶのです。

常住寺内金剛山塾前の葉上阿闍梨

ドイツ観念哲学に身を置き、カント、ヘーゲルと転じますが自分の追い求める普遍的で実質的なものが見いだせず、カントから一歩踏み出したいと、その弟子のフィヒテに至るのです。フィヒテは「実践的傾向がカントより強く、宗教論においても前進しているように思え、さらにはゲルマン民族の自覚を促し、教育によって国を興したことが記憶の中に鮮明に甦り、我々大和民族の奮起を促すために修行に入った」と述懐しています。

本人の発心の動機には二つの理由があり、まず一つ目は最愛の奥さんを三十一歳という若さで亡くされます。それと日本の敗戦がさらに追い討ちを掛けるのです。

千日回峰行時代の葉上阿闍梨

奥さんを亡くされ、途方に暮れているところへ大正大学の教え子が三日三晩にわたってお経を上げてくれたことに感銘を受け、改めて僧侶としての役割りに目覚めたのです。また、敗戦の衝撃は勝利を信じていた師にとって相当なショックだったようです。

ミズーリ号での降伏文書調印式にも立ち会った、マッカーサーの毅然とした態度に圧倒され、さらには「日本人の精神年齢は十二歳だ」と言う言葉に発奮、次代を担う若者の教育の立て直しを図ろうと一念発起します。自らが再度生まれ変わらなければと比叡山に入り、それも過酷な千日回峰行を始められるのです。

興亜観音像

松井大将御影

昭和十六年十二月八日、太平洋戦争勃発を機に大正大学教授の職を辞し母親の待つ岡山に戻るのですが、東京を去るに当って中国・南京方面の最高指揮官であった松井石根大将が発願して熱海に建立された興亜観音の開眼供養に列席します。これに先駆け、観音様化身に擬《なぞら》え、当時の仏教界の第一人者を始め著名人を入れて三十三人の染筆《せんぴつ》を納めるという構想を提案したのです。当の松井大将も大変ご満悦のご様子だったようです。こうして二十年住み慣れた東京に思い残すことなく岡山行き列車の車中の人となるのです。

叡山の傑僧に導かれ、昭和二十二年春より千日回峰行に入行。この傑僧といわれる叡南祖賢《えなみそけん》師とは、お母さんが生前葉上阿闍梨の将来を案じて義兄弟の契りを結ばせたご縁があったのです。

敗戦直後は食料の無い時代。ましてや、叡山においても同じことで、朝炊いたご飯を三等分、四等分して食いつないだと言われていました。

先達である「お尚（叡南祖賢師）から小言を言われても〝なにくそ！〟と歯を食い縛り発奮してきた」と後日話されていました。

四十歳を過ぎた体力は決して万全とはいえない状態の中で、それも荒行中の荒行といわれている回峰行に臨まれた師匠・葉上阿闍梨のなみなみならぬ決意と卓越した見識の高さに、ただただ敬意を表すばかりです。

(二) 師の願行

師も若いころは、当時の学問を目指す者の風潮として、西洋の思想や芸術に憧がれを持たれたが、精微な論理的転回に自分の才能の限界を感じられ、むしろ平易な文学の方に逃げ込む傾向にあったようです。しかし、文学は男子一生の本懐とは思わなかったようです。

いざ、ドイツ観念哲学に取り組んだものの惨憺《さんたん》たる状況だったようです。西洋哲学に身を置いていながらも血の通っている人間社会の生活において、普遍的であっても抽象的なものでは困る。普遍的なるものは当然として、しかも具体的で実質的なものでなければならない。その最中にも、西洋の哲学をしばらく傍に、最後には東洋の実践と西洋の理論との融合といったことを考えられ、日本の仏教を現在最も大切な世界平和樹立の指導原理にしたいと考えておられたようです。

(三) 二つのバロメーター

師は若いときから晩年に至るまで、事物のとらえ方について二つの基準があると話されていました。まず一つは、合理という言葉の概念です。日本でも古くから筋道、または道理といった意味合いでしょうが、とりわけ哲学的な観点であって、我々の生活においては馴染みの薄い言葉です。「何が合理であるかという基準は時代によって変わるかもしれないが、まあ一般に科学的見地に立って、ものを考えることであろう」と。

この科学的見地に見合うものは合理で、合わないもの、それに該当しないものを不合理と見なして、この見地からすると宗教は不確定要素が多く、迷信だと見てしまうのです。

少なくとも近代の人間にとって、神が世界を創ったということを文字通り信ずる人はいないでしょうし、今まで宗教の名においていかに多くの悪が行われてきたかは誰もが知るところであります。しかし、人間は決してこの抽象的な、あるいは算術的な合理、さらには科学主義ということだけに満足できるものではありません。現実、一プラス一は必ずしも二にあらず。また、男と女が一つになれば子どもが生まれ、三にも四にもなり得る。このようにしてあくまでも合理を踏まえて、しかも合理を超えるもの、そのようなものでなければ本当の芸術でも宗教でもないと言い切られてしまいます。いわば、このことを非合理と言い、目指すものは合理を超えたところの世界なのです。

二つ目として「インターナショナル（全世界的なもの）であって、しかも個々の風土に根が降りたものであってほしい」と。つまり、「日本でしか通用しないようなものでは困る。いつどこでも通用するものでなければ問題とするに足りないのです。やはり個々の風土の特色、あるいは伝統を十分尊重しながら、新しくその風土に根ざすものであってほしい。かくて暑く、しかも広いインドの風土を背景にした仏教と、日本のような温暖湿潤で狭く四季の変化の美しい日本の仏教では、全く別のもの。しかも仏教の本質は忘れてはいないという、そのようなものにこそ、わたしは一番心を引かれるものである」と。

以上二つのバロメーターについて、これに見合うものはないと結論づけられています。

実際のところ、内面的にどんな凡夫であっても、仏に成り得る〝仏性〟というものがあり、また、因縁果の縁起説を上げ、これを超える宗教原理は見当たらないとされています。このように、仏教こそ人間の宗教であり、前述の――これを以て世界平和樹立の指導原理となってほしい。いや、そうしなければならないと――思われていたこの願行を伝えて実践していくことがわたしに課せられた務めだと思っております。

亡くなる間際まで、身を粉にして東奔西走され、物事を率直にとらえて分析し、また発言されてきた姿は、まさに天台大師の説かれた四種三昧《ししゅざんまい》の中の非行非坐三昧《ひぎょうひざざんまい》であり、相応和尚が感激してやまなかった常不軽菩薩の願行を回峰行につないでいかれたのと同様、師の願行は常不軽菩薩の願行「生涯回峰」だったと思います。

第三章　大乗仏教

（一）大乗仏教とは

日本に伝わった仏教は大乗仏教だと言われていますが、この大乗仏教の確立までには紆余曲折があり、多くの混乱が生じています。お釈迦様が亡くなられてから百〜二百年後の紀元前三世紀中ごろ、インドの統一を果たしたマウリア王朝のアショーカ王が仏教に帰依し、仏教はインド全体を覆う展開をなしました。しかしそれは、インド各地に建てられた「アショーカ王碑文」には、「あらゆる宗教者を庇護せよ」との一文が書かれており、仏教だけを特別視したものではなかったのです。

釈迦が亡くなって以降、仏教は衰退の途をたどり、分裂するのです。仏教衰退・変容の理由として挙げられるのがイスラム教の台頭であると言われています。イスラム教徒は仏教寺院をことごとく破壊し、その手口は仏像の首をはね、目をくりぬくといった残虐非道の限りを尽くしたのです。しかし、インド仏教消滅の真の理由は、釈迦の仏教の変容であると言われています。

本来の釈迦の仏教では、この世は仮の姿。この世に存在するすべてのものは実体のないものであると。釈迦は諸行無常・諸法無我・涅槃寂静の道理を説いたのです。「三法印」と言われている仏教真理の三つの柱です。

釈迦は、苦しみの源泉である煩悩を消し去ることでしか真の安楽はないと考え、働くことはおろか、畑を耕し作物を作るという生産活動の一切を禁じたのです。生きていく上で必要な事柄は、全て一般社会からの喜捨《きしゃ》によって賄われていたのです。なぜならそれは、人の心を乱す執着・欲望・怒りにつながるとして禁止したのです。

釈迦の仏教は、あくまで自我の存在を否定し、我に対する執着を取り除くために、煩悩の起因となるすべてのものを遠ざけることが修行とされたのです。ところが、釈迦の生きた二千五百年前と雖《いえど》も、中東・中央アジアなどからの交易による社会環境が少しづつではあるが釈迦の仏教にも影響を及ぼすようになっていったのです。

このことは、釈迦入滅後百年ころに起きた仏教教団の分裂にも大きな影響を与えたのではないかと推察されるのです。

このように釈迦の仏教は、二千五百年のときを経て日本には大乗仏教として伝わるのですが、釈迦の時代にはなかった経典が、その死後何百年と経過して後に膨大な数が生み出され、それらは国や風土、さらには原語の違いによって翻訳され伝播していったことを考慮しなければなりません。

(二) 大乗仏教の考え方

今から二千五百年前にルンビニに生まれた釈尊が覚醒され「仏陀」となられます。すなわち「真理を悟った(得られた)」を意味する仏になられたのです。

南方仏教(スリランカ・ミャンマー・タイ・カンボジア等)諸国では、仏とは釈尊を指すのであって、日本を含めての大乗仏教圏では状況が異なります。わたしたちにとって仏とは、まず阿弥陀様、お薬師様、観音様、お不動様と多岐にわたります。どうしてこのようになったかと言えば、大乗仏教では人格を持った人というよりも「法(ダルマ)=真理」ということに重きを置いたからです。初期の仏教においても縁起の理法(生存の苦悩はいかにして生起し、また消滅するのかを示す。諸法の因果関係を縁とする意)が重視され、このことを法として確立

信徒を前に法話をされる葉上阿闍梨　於：東南寺

していったのです。

大乗仏教では、仏とは特定の個体を指す言葉ではなく、三世・十方（過去・現在・未来、我々を取り巻く環境・宇宙空間）に多数の仏が存在し、現実にそれぞれの場面で法を説いておられます。特に苦しんでいる衆生の救済にあたっていると主張するのです。しかし、現実社会は沢山の苦や悪が蔓延して矛盾だらけで、時代は益々混迷の途を深めているのです。ではこの流れに対して仏はなぜ救いの手を差し伸べてくれないのか、という疑問が生じてきます。しかしそれはわたしたちが仏を信じ、その教えに従い修行に励むことを怠っているからなのです。わたしたち自身が仏になる（成仏）、また自身が仏であるという自覚を持つこ

比叡山・横川での歌碑の除幕

となのです。「草木国土《そうもくこくど》悉皆成仏《しっかいじょうぶつ》」（草木・土など心を持たないとされているもの「非情」、人間など心を持つもの「有情」と同じように仏性があり成仏すること）ととらえる天台教学の立場が打ち立てられ、ここに仏の智慧と慈悲を感じ取らなければならないのです。

社会の現象、世の中の動きというものは、すべて仏の意思のはたらきととらえます。物事が都合よくいけば貪《むさぼ》り、思い通りにならないと瞋《いか》り、愚痴をこぼす＝三毒の煩悩（人間を最も悪くすると言われている悪の根源）＝それが人間の業なのであると。わたしたちは常に仏の光、仏の慈悲を全身に浴びていることを知らなければなりません。これらのことに感謝を示し――生かされているということ――。悪行に対しては素直に認め、懺悔《ざんげ》をすることが人としてのあるべき姿だと深く心に刻み、どの宗教においても戒と律がまず最初に打ち立てられたように、その意義を今一度再構築する時期が来ていると認識すべきです。なぜならば、科学技術はとどまるところを知らず、各分野において多様化が進む中、人間に対する抑止力も必要だと考えます。

(三) 菩薩とは

大乗仏教は、自分自身の悟りを求めると共にほかのすべての人々を教化して悟りに導くこと(上求菩提《じょうぐぼだい》・下化衆生《げけしゅうじょう》=自利利他)を標ぼうし、そのためにも日々精進し修行しなければならないのです。このように実践修行する人のことを菩薩と呼んでいるのです。

菩薩という言葉はサンスクリット語でボーディ・サットヴァの音訳で、ボーディは「悟り」を指し、サットヴァは「ある。存在する」ということで、存在・本質・心・決意・志願など多くの意味を示します。

大乗仏教が興ると、菩薩という言葉は「すべての生きとし生けるもののため、世のため人のため救済をするもの」の意に解されたのです。特に自利利他の中の利他―(すべての生きるものを救済する）―が強調され、菩薩は自分よりも他の人々のために精進するものとされ、大乗仏教の究極の理念を表わす菩薩像になったのです。

初期大乗仏教では「いかにして知恵を完成させるか」ということで、般若経典に説かれる実践の徳目として六波羅蜜《ろくはらみつ》が挙げられています。六波羅蜜とは、まず……（一）、布施（物を施す財施・真実の教えを説く法施・恐怖心を除いて安心を与える無畏施《むいせ》）。（二）、持戒（戒律を守る）。（三）、忍辱《にんにく》（苦難に耐え忍ぶ）。（四）、精進《しょうじん》（たゆまぬ仏道を実践する）。（五）、禅定《ぜんじょう》（心を静め、真実の姿を観る）。（六）、智慧（真実の教えを見出し、物事に執着することなく悟りを実現する）という六つの実践行をいうのです。

大乗仏教では、自利利他を目指す多くの菩薩が、自分自身の独自のテーマを持って人々を救済しようという強い決意、あるいは誓願が読み取れるのです。

第四章　比叡山の教え

エジプト訪問使節団

（一）伝教大師のみ教えを現代に生かす

「国宝とは何物ぞ、宝とは道心《どうしん》なり、道心ある人を名けて国宝と為《な》す」この句は比叡山を開かれた伝教大師の山家《さんげ》学生式《がくしょうしき》に説かれている冒頭の言葉ですが、比叡山で修行するものに対する指針というか、それも物ではなく人なんだ、心なんだという非常に格調の高い言葉です。この山家学生式によって比叡山で学ぶものは国宝的人材を目指して自分を研ぎ、自己の完成を追求してきました。人間国宝の宣言です。比叡山の方針はこの国宝的人材養成の山として今日まで、その存在を示してきたのです。

この山家学生式は伝教大師が亡くなる四年前に（弘仁九

エジプト訪問使節団

年〜同十年）、六条式・四条式・八条式と三回に分けて、ときの帝《みかど》、嵯峨天皇に奉上されたものですが、現物はもちろんなく、草稿が現在も残っていて国宝に指定されています。冒頭の句の次の句に「故に古人言わく、径寸《けいすん》十枚、是れ国宝にあらず、一隅《いちぐう》を照らす、此れ則《すなわ》ち国宝なりと」とあります。この句の中に「一隅を照らす」とありますが、この解釈については過去にも何度か議論があり、今は「一隅を照らす」という解釈で落ち着いていて、天台宗の社会に向けた信仰運動として展開されています。しかし、この山家学生式自体は出家者に向けられた指針であったわけで、もともとの出典である中国の古典「春秋《しんじゅう》左《さ》氏伝《しでん》」は逐《お》うところ大であり、すなわち、求道追求の究極の

寒行托鉢・葛川

ものです。また、「古哲《こてつ》又《ま》た云《いは》く、能く言ひて行ふこと能はざるは、国の師なり。能く行ひて言ふこと能はざるは、国の用なり。能く行ひ能く言ふは国の宝なり。……」

この山家学生式のこの句の一番の願目は、「能く行ひ能く言ふは国の宝なり」の部分ですが、葉上阿闍梨はこのところの伝教大師の草稿に着目しています。草稿では「能言不能行、能行不能言、能言行能言」となっているのです。原文では「言」をいったん書いて消しているのです。「敢えて消してあるのですと」。「これを見つけて、このところから伝教大師の気持ちに触れる思いがいたしました」と葉上阿闍梨は言われています。実行第一だが、つまり不言実行だけではあかん、言わなあかんのや、という積極的姿勢でございます。わたしは伝教大師の能く行い、能く言えというのは、単純に出てきた言葉ではないのだということを、皆さんに申し上げたいと思います」と（道心より）。

葉上阿闍梨は伝教大師の熱烈な信奉者でした。命日の六月四日はもちろんですが、毎月四日は必ず浄土院にお参りされ、ときの侍真《じしん》（十二年籠山比丘）を激励し、伝教大師の残された言葉を座右にされ、行く先々で「一隅を照らす」。「忘己利他」を吹聴されていました。海外の要人と会う機会にも、土産に「照千一隅」「忘己利他」を揮毫して持参されていました。

「比叡山は何をするとこか、人造りをするとこや。今でいう大学や。カレッジじゃなくユニバーシティや、それも大学院大学や」とよく言われていました。わたしもいろいろ薫陶を受けましたが、「比叡山の目指すもの、役割りは何か分かるか！　それはなぁ、京都から見た比叡山はどんな風に見えるんや！　尖っているやろ！　尖塔やぁ！」と。このことは、今もなおわたしの耳に焼き付いて頭から離れません。

伝教大師の偉業、比叡山が果した役割りは言うまでもなく、日本の大乗仏教の礎を築いたわけですが、伝教大師の存在なくして日本の精神文化はここまで発展しなかったと言っても過言ではありません。

前述の大乗仏教のところで釈迦の仏教の変容について述べましたが、事物の変革は社会を変容させ、更には人心をも変えてしまうのです。

二千五百年前の釈迦の時代、また千二百年前の伝教大師の時代がそうであったように、しかし今日の変化はその比ではありません。この時代にあって仏教は、比叡山は何をなすべきか、何をなさねばならないのかが、本当に問われているのです。

釈迦が説いた仏教が二千五百年の時空を超え、今日の日本仏教を形成しているとするならば、大乗の大乗なるが所以《ゆえ》の自利利他を基軸に、時代にただ流されるのではなく、先人の遺訓を今に見合った形に構築し直し対応していくのがわたしたちの務めです。人は環境の生き物。周りの変化に翻弄され、易《やす》きに流れるのが世の常。先取りとばかりに流行を追う余り、失うものも多い。有用価値ばかりを追うのではなく、釈迦が説いた存在価値を今一度見直し、わたしとは何か、何をなすべきなのかと自問自答し、個の在り方を問うのが本来の仏教を生かしていくことではないでしょうか。この世に生を受けるということの貴さ、またその難しさは仏教の説くところですが、今や科学は生命という神仏の領域にまで手を伸ばし、その生命を操作し、また新たな生命をも生み出そうとの勢いです。今、生命倫理が問われています。ナノレベルによって遺伝子操作が行われ、確かに医療分野の発展は驚異的進歩を遂げています。しかし、何をやってもよいという問題ではありません。今だからこそ人間にとっての戒め・人間の欲望への抑止力が必要なのです。人間は恐れを知らなければならないのです。

第五章　葉上阿闍梨の足跡をたどって

エジプト・アズハル本部を表敬訪問

（一）聖地エルサレムで世界平和を祈る

葉上阿闍梨が亡くなって三十年、昭和四十年代、五十年代は宗教・宗派の垣根を越えて、まずは諸宗教の対話からということで、盛んに中東地域を始め欧米等、その活動範囲は全世界に広がりました。まさに、山から下りてその舞台を世界に広げての〝世界回峰〟の始まりです。

葉上阿闍梨がイスラエルを訪れたのは二回。世界の紛争の火種といわれた中東地域から、その争いを無くさなければと考え、それには同じ民族の始祖を持つ三大宗教と称されるユダヤ教、キリスト教、イスラム教が同じテーブル、同じ舞台に立たなければならない。その仲介

イスラム教スンニ派のアズハル・タイエブ総長表敬の様子（中央筆者）

をするのは日本の宗教者しかできないという大胆な発想の下、バチカンを始め世界の名だたる宗教指導者に諸宗教の対話の必要性を訴えられたのです。

葉上阿闍梨は亡くなる一年前、一九八八年三月、エジプト・イスラエルを訪問されています。エルサレムで宗教サミットを開催するという大きな目的のためでした。イスラエルで以前より親交のあったアンドレ・シュラキ師（元エルサレム副市長・思想家・哲学者）の回想録によると「わたしの自宅を訪ねてこられ、対話をするでもなく部屋の窓から見えるシオンの丘をじっと見入っていた。歴史に満ち溢れたイエスと預言者たちの預言を訊かれた場所のあまりの美しさに瞑想に入ってしまった」と述懐されています。

シュラキ師は葉上阿闍梨と共に、ユダヤ教、キリスト教、イスラム教やアジアの宗教代表者が参加しての宗教サミットを、比叡山宗教サミットに続いて、このエルサレムで開くことを約束していたのです。

現イスラエルの建国は第二次大戦後で、七十年足らずですが、古代イスラエルの民、ユダヤ民族の歴史は紀元前にさかのぼる三千年、四千年の旧約聖書にその起源を見ることができ、悠久の時を刻むのです。

アレキサンダー大王、クレオパトラ、シーザーがこの地を踏み、また古代の歴史に登場する人物もこの地を訪れた栄華の場所でもあります。やはりそこには何かがあると、あまりにもその壮大な時間のスケールに圧倒されました。

このたび、わたしたち一行は、葉上阿闍梨の足跡をたどるとともに、世界三大宗教の聖地巡礼でもあるわけで、ユダヤ教、キリスト教、イスラム教の宗教者との対話を試みることにしました。まずは日本の宗教者にもなじみで、何度か来日されているユダヤ教の元チーフ・ラビ、メイル・ラウ師。そのご子息で現チーフ・ラビのハラーヴ・デヴィット・バルーク・ラウ師。

キリスト教では聖公会のスヘイル・ダワニ師、アルメニア教会修道院のファザー・ジョージ師。イスラム教はムハンマド・アブ・オビエド師を訪ね、精力的に対話を進めることができました。

今、イスラエルの置かれている立場は、非常に厳しいものがあります。古代、中世、それから近世におけるナチスによるホロ・コースト（ユダヤ人大虐殺）は歴史にその人類のおぞましい汚点を刻んだ出来事で、思想・信条・信仰の違いによって同じ人間が行った極悪の非道です。

このことを思うとき、人間の能力・崇高さは素晴らしいものを持っていますが、反面、その裏に非道に走らすものを持っているということも教訓として肝に銘じなければなりません。

イスラエルは中東の近隣を始め、隣接する国との問題、強いてはガザ地区、ヨルダン川西岸地区といったパレスチナ人との問題が大きく伸《の》し掛かっています。葉上阿闍梨がこの地に足跡を印し、何を思い何を感じたかは、今後イスラエルとの関わりの中で考え、また学んでいきたいと思いますが、余りにも大き過ぎる命題に胸が張り裂けそうな思いに駆られます。

（二）エジプト・国際文化交流と世界平和を祈る

この度（平成三十一年三月・二〇一九）世界連邦日本宗教委員会、（一般社団法人）日本国際文化協会主催による「エジプト・悠久の古代文明に出会う」―国際文化交流と世界平和を祈る―に団長として参加し、エジプトの地に降り立ちました。師の葉上阿闍梨が亡くなって七年目くらいだと思いますが、ご遺骨を携えてスーダンのナイル川上流、青ナイル・白ナイルと分岐するところに立ち、散骨しました。またカイロ市内を流れるナイル川船上での散骨と、二十数年前の情景が蘇《よみがえ》ります。

昭和四十年代、葉上阿闍梨は発足間もない世界連邦日本宗教委員会に参画し、その中心人物の朝比奈宗源老師の右腕として平和運動を推進していました。そんな矢先、『君、エジプトへ行ってほしい、世界に十億人とも称される信徒を抱えるローマ・カトリックとアラブ、東南アジア、アフリカにやはり八億人の信徒を持つイスラム教の二大宗教が、聖地エルサレムの帰属問題を巡って対峙したままだ。我々が朝夕、世界平和を祈っても、二大宗教がこの状態では結果は空しい。ローマ・カトリックとイスラムを和解させることが先決である。日本は原爆の出現によって初めて人類は絶滅することを知った。神はなぜ広島・長崎を選んだのか、少なくとも神がモーセにシナイ山で十戒を授けてから三千三百年、その人類の祖業の後始末を日本の宗教者に命じたのかも知れない。そう思うとやり甲斐もあろう。エジプトのサダト大統領は強い宗教的信念の持ち主のようだ、機会は今だと思う』と。

このことが葉上阿闍梨をエジプトへ、またローマ・カトリックとイスラムとの和解へと駆り立てることになるのです。このときの詳細については、本書付録の「私の履歴書」に譲ることにします。

こうして葉上阿闍梨のことを回想して参りますと、いち東洋の仏教者の心情が、混迷を極める中東にあって、〝エジプトの夜明け〟とまでうたわれたエジプトのサダト大統領の心をつかみ、その大統領に精神的影響を与えたのは間違いないと確信します。ただサダト大統領が劇的なイスラエル訪問を行ったり、イスラエルとの対話を打ち出すなど、イスラエル寄りの政策には反発も多く、一九八一年、イスラム原理主義者の凶弾に倒れてしまうのです。

さて、それでは今回のエジプト訪問に話を戻します。

ローマ・カトリックとイスラムの二大宗教の和解に始まったエジプトとの交流は、葉上阿闍梨が当時のサダト大統領との会談の折、「心の交流には青年による文化交流が最善！」との提案によって具体化し、カイロ大学に日本語学科が創設され、それらの支援も含めて現在の㈳・日本国際文化協会が設立され、日本とカイロ大学との相互交流が始まったのです。そのことから、今回はカイロ大学とアスワン大学の日本語学科を訪問。アスワン大学では学生からエジプトの国内事情などのレクチャーを、またカイロ大学では、教師より生け花のレクチャーを、そして学生からは歌での歓迎を受け、終始和やかな雰囲気で交流を深めました。使節団のもう一つの目的は、イスラム教スンニ派の最高機関アズハル本部にこれも最高責任者のタイエブ総長を表敬訪問。温かく迎えられ和やかなうちに所期の目的を果しました。

わたしたちが訪れた時期が葉上阿闍梨の命日にも重なり、現地ナイル川船上とスエズの紅海の岸において慰霊を捧げました。

今回の使節団には、この度の主催者である日本国際文化協会の常任理事で事務局長の小関笑子氏始め、同理事の田中孝一氏と田中氏のグループ会社の役員十数名が研修を兼ねて参加。当初の目的を果たし実り多い訪問となりました。

付録一
日本経済新聞
「私の履歴書（葉上照澄氏）」転載

一九八七年十月一日～三十一日掲載
全三十一回

この転載は、日本経済新聞社より掲載許諾をいただいております。
ここに記し御礼申し上げます。（無断複写・転載を禁じます。）

日本経済新聞　昭和62年（1987年）10月1日（木曜日）

私の履歴書　①

葉《は》上《がみ》照《しょう》澄《ちょう》

四十過ぎて叡山入り
妻の死と敗戦、信仰の道に

私は岡山県のお寺の息子として生まれたが、宗教界では素人である。

宗教界の素人

というのも、小学一年で一応得度はしながら、東大ではドイツ哲学を学び、卒業後は大正大学で長く教鞭をとり、その後、山陽新聞で論説委員をするなどのあげく、比叡山に入ったのは戦後、四十を越してからだからである。

それ以前の私は、坊さんというのは不労所得で生活しているような気がしてしかたがなかった。東大でドイツ哲学を専攻したのも、「印哲（インド哲学）みたいな古くさいもんやるかい」という反発が心の隅にあったからだし、大正大の教授になっても髪は伸ばしたままで、いい加減なものだった。

そんな私の発心の契機は二つある。女房の死と敗戦である。結核を患っていた女房は三十一歳で亡くなったが、葬式に大正大の運動部の学生が三日にわたってお経をあげてくれた。子供もなく一人残されて一種の異常状態だった私にとって、学生たちのお経をあげる声はほんとうにありがたかった。その時初めて「ああ、僧侶であることが何が不労所得か。真剣にやらんからいかんのだ」と、改めて信仰に目覚めたのである。

敗戦は山陽新聞論説委員として迎えたが、私の唯一の信念は勝つまでやるということだった。下手な将棋と同じで負けても、もう一つ、もう一つとやって、たまたま勝ったら、もうやめたという手。ずるいようだが、これが必勝法と心得ていた。だから八月十五日の玉音放送を聞いても、まだ終わっていないという感じを持っていた。

だが、ミズーリ号上の降伏文書調印式の取材に横浜港に押しかけ、マッカーサーの態度を見たとたんに「ああ、負けた」と実感した。きわめて淡々たる態度で、みじんも勝者のおごりがない。「勝つ者、怨みを招かん／他（ひと）に敗れたる者、くるしみて臥す／されど、そのいずれも棄てて／心静かなる人は／起居（おきふし）ともにさいわいなり」と法句経にある。

そのマッカーサーが、しばらく後に日本人の精神年齢は十二歳だと言った。これを聞いて、もう一度、若い者の教育の立て直しをしなければいけない、それにはまず自分からだと、比叡山に入って千日回峰行を始めたのである。

最近の筆者

紆余曲折の末の叡山入りだからこそ、宗教界のアマチュアと言うのだが、自分の人生を振り返って、どう考えても間違いないと思うことが二つある。

一つは宗教は科学を十分に尊重して、科学的な批判に耐えうる教えでなければいけないということ。しかも科学に留まっていたのでは宗教とはいえず、合理を超えなければならない。

もう一つは国際性。宗教が国によって本質を異にするようでは困るし、といって、あまりにもコスモポリタニズムになって個々の国家を否定するようでもいけない。風土を超えながら、風土に根づくことのできる宗教。そういう宗教の国際的連帯性が求められている。その意味でも寛容性豊かな仏教が一番ではと思っている。この夏、比叡山で開かれた世界宗教サミットでは、私も一役買わせていただいたが、これは世界の宗教の連帯の第一歩と考えている。

これから一カ月にわたって、こうした私の軌跡をつづらせていただくのだが、考えてみれば恥ずかしい限りである。しかし、思い出は自らの道徳本と考えて、ありのままを書いてみよう。

（比叡山長臈）

＝題字も筆者

私の履歴書 ②

葉《は》上《がみ》照《しょう》澄《ちょう》

父は「観音」、母は「不動」

慈と悲、二人の愛に守られ

岡山県の東部を縦貫する吉井川が南へ下がったところに熊山がある。児島高徳が兵を挙げた場所だ。川は

両親

熊山に当たって西へ曲がるが、その西の辺りが長船の名刀の出たところで、逆に東の方が備前焼の本場。和気清麻呂の出生地、和気町で田んぼの土にも砂鉄がいっぱいまじっていた。

その和気町の岩生山元恩寺の一人息子として、私は明治三十六年八月十五日に生まれた。天台宗の寺で、父、慈照の照と、延暦寺開山根本伝教大師、最澄上人の澄をいただいて照澄（てるずみ）と名付けられた。

元恩寺は備前四十八カ寺の一つで、本寺は銘金山金山寺。伝説によれば、そのご本尊は京都・清水寺の十一面千手観音と同じ一本の木を分けて作られたという。金山寺では栄西禅師が住職をしていたことがあり、私の葉上という姓は、禅師が白河天皇から賜った葉上坊栄西の名から来ている。

母は胎教を信じており、私を身ごもってから観音さまを拝むようになった。以来、観音さまの熱心な信者になり、毎月十四日の晩には、欠かさず観音経をよんでいた。母親の信仰は子供にとっては絶対。私も物心ついてから自然に観音さまを拝むようになっていた。

父親はお不動さま、母親は観音さまだと私は考えているが、私の母はきつい人で、いつもしかられっ放しだった。「私の産んだ子が、なんでそんなに意気地がないんか」とやられる。冬の冷たい水で縁側をふかされていると、近所の人が見かねて「一人息子をそんなにきつうしつけんでも」と言う。すると母は「一人っ子だからしつけなあかん。しつけそこのうたらどうする」。一事が万事、この調子である。

母の言葉で忘れられないのは「人間十歳、木一丈」である。木は十年たてば一丈（約三㍍）になる。「十歳にもなって何をしとるか、木だって一人前じゃぞ」という訳だ。いい言葉だと思う。

その母も昭和二十年の一月には、どうしても枕から頭が上がらず、毎月続けていた観音経をよめなくなった。そこで「我がこと終われり」と思ったのだろう、薬も飲まん、若い人にあげてくれと言う。飯も食わんというので、私が「物を食わんでも、水さえ飲めば生きとれるそうや」と冷やかすと、「水も飲まん」と、本当にきつい人だった。みかんをあげると喜んで食べたが、それが最期、二月六日に七十三歳で亡くなった。大腸カタルが原因で、医者には死なんでもいい病気でと言われた。

母、祖母と小学生の筆者

母は生前、栴檀（せんだん）の座棺を作らせ、周りを石板で覆い、自分で中に入って「これでいい」とうなずき、その上に官展で特選をとった人に頼んだ等身大の備前焼の座像を南に向けて据えつけた。「あの世に行かんのだ」と杖や草履もなしに中におさまっているが、地獄に行くのが怖かったのじゃないだろうか。

母は酉年で「わたしは鶏や、バタバタと忙しいだけや」と言っていたが、酉年の守り本尊はお不動さまなのである。だから私にとっては母の方がお不動さまで、こわかった。

逆に父は無類のお人よしで、母に先立って昭和十六年九月十八日の夜の十二時を過ぎたとたんに意識不明になり、息を引きとった。ちょうど観音さまの日で、父は観音さまに救いとられたと思っている。

お不動さま、観音さまといっても、慈と悲、形が違うだけで愛情に変わりはない。

（比叡山長臈）

私の履歴書 ③

葉上《はがみ》照澄《しょうちょう》

小一で池田家の寺に

寺の子ゆえの不自由痛感

出家得度

元恩寺の一人息子だったが、私は初めから寺を出るものと決まっていた。母が三十歳の時に私は生まれたが、その前に寺が父の甥を養子に迎えていた。いわゆる貰子（せらいご）なのである。だから母は、小さいころから「おまえは寺を出て勉強せよ」と言っていたのだった。

それで私は小学校一年の三月二十八日、備前岡山藩主だった池田家の寺の弟子になった。金剛山常住寺といい、城の二の丸にあった。

城の中に寺があったのには訳がある。池田家は親藩で、徳川家光の一字をもらった池田光政という殿様は儒教的名君だった。歌舞音曲を禁止し、小さな寺を皆つぶしてしまった。おそらく寺が多過ぎたのだと思うが。

そういうやり方が上野の輪王寺ににらまれたため、次の綱政は輪王寺の直末寺として、二の丸に常住寺を造営したのである。

そういう寺だから禄高は二百石ほどしかなくても格式だけは高い。住職が死んでも葬式は出せず、不浄門から出て、下の岡山寺で葬式をする。寺といっても檀家はなく、あるといえば池田家一軒。だから台所は苦しかったようだ。

数えの九歳の三月に、私はこの常住金剛、つまりお不動さまにつかまったのだなあと思う。その後、ずっと考えもしなかったが、戦後、比叡山の無動寺の回峰行をやるようになる。私の意見でも何でもない。縁だろうと思う。

が、それは後でわかったこと。まだ子供の私には何もわからない。常住寺のお不動さまの前で得度したのだが、「あっち見ておじぎせい、こっち見ておじぎせい」と言われたのを覚えているだけだ。

私の師匠は今川大然という方だった。師匠の大の一字をもらい、本名の照澄と合わせて「大照」。これが私の坊さんとしての初めての名だった。

師匠はただ仏さまを拝んでいるだけのような人だったが、私が中学一年のときに亡くなってしまった。私がお位牌を持って人力車に乗ったが、子供がと同情したのだろう、「まあまあ」と皆哀れんでくれた。

僧衣をつけ「大照」となった筆者

師匠がなくなったあとも、私は常住寺でお不動さまを拝んでいたが、それ以外は特別にすることもない。元々檀家のない寺だし、池田の殿様も明治になってから神道に切り替えてしまい、常住寺には近寄らなくなっていた。

従って得度したからといっても、私の日常は普通の子供と変わりはしなかった。とはいっても、お寺の子はおとなしくしていなければ、という規制は子供心に意識していたようだ。

友達と魚とりに行っても、いっぺんも釣った記憶がない。蝉を追っかけたりはしたが、つかまえてもすぐ逃がしてやった。殺生はいけないという気持ちがあったのだろう。

寺の子ゆえの不自由さは他にもあった。例えば夏の七夕のときは、近所の子同様に竹を立てて、短冊を下げ、一緒に遊んだが、五月五日の端午の節句には鯉のぼりを揚げさせてもらえない。

男の子のいる家はどこでも鯉のぼりが元気よくはためいているのに、私の家だけは何もなし。なぜ、やらせてくれんのか。寺だからといっても、子供にはそれがかえって普通の家とは違うという妙なコンプレックスを生んだ。

（比叡山長臈）

私の履歴書 ④

葉《は》上《がみ》照《しょう》澄《ちょう》

虚弱体質で内気な子

弱さをバネ、入試で猛勉強

弱さは悪である。自分の小さいころの体験から、そう思う。

小・中学時代

小、中学校を通じて私は虚弱な体質で、胃腸は弱いし、しょっちゅう耳鳴りはするわで、どうしようもなかった。とにかく漬物しか食べられないのだから仕方がない。ミルクを飲めといわれても、門の外に出て隣の子にあげて、飲んだふりをする。卵もにおうからと食べないし、人参やごぼうもだめ。

そんな体だから遠足に行ったこともないし、運動会でも、赤でも白でも私が出た方が負ける。つらい、哀れなものである。

当然、いじめられっ子だった。相撲でも何でも強いガキ大将がいて、私の方が少し勉強ができたこともあって、よくいじめられた。

兵隊が寺に泊まることがあり、「たばこを買ってきてくれ」と頼まれる。村のはずれのたばこ屋まで走って買いに行き、戻ってくると門の外でガキ大将が待っている。私からたばこを取り上げて、「はい」と兵隊に渡すのである。私は自分が買ってきたのにと思っても何も言えない。意気地のなさに自分ながら情けなくなる。

いじめではないが、例えば「家には金びょうぶがあるんだぞ」と自慢する。ところが「それは檀家が寄付したんじゃないか」と言われればグーの音も出ない。どんなに貧しくても自分の家なら……、自分は生まるべからざるところに生まれたんでは、と悲しかった。

小学二年のころには、本当に自殺しようかと思ったこともある。生まれるべきじゃなかったと思いつめたからだが、体が弱かったから、考え方も弱くなるのだ。しかし実際には自殺しなかったのだから、これもまた弱さのなせるところだろう。

家庭も友達関係も、私の周りはどこを見ても暗かった。その暗い壁を破る唯一の道として目標にしたのが岡山一中だった。「自分はどうしてもあかん、弱い人間や。しかし、頑張って岡山一中に入ってやろう」。弱さは悪だが、その弱さがバネになったといっていいだろう。

当時、一中に田舎からストレートで入る者はいなかった。他の二人と共に、毎日放課後も残って先生に勉強を見てもらった。そのせいか、無事一中に進学できた。

岡山一中時代の筆者

ガキ大将には六年間いじめられたが、彼がいたからこそ、私は一中に入った。彼がいなければ、おそらく比叡山中学に入って、あるいは坊さんとしては成功していたかもしれないが、今の私はなかったろう。彼とは、その後仲直りして、亡くなるまで手紙のやりとりをしていた。

中学に入っても、私は小学校の延長で、目立たない平凡な生徒だった。二年のとき、漢文の先生が「辛抱する人間の方が、本当は勇気があるんだ」と教えてくれた。「そうやなあ」と思って辛抱したことが記憶に残っている。

一年のときは眼科医をしていた母の義理の兄の家に置いてもらい、二、三年は学校の寮、四年になってからは常住寺と、家を転々と変えた。常住寺に移ってからの一年間は、毎朝三時に起きて勉強した。

中学四年から高校に入れるようになったのがその年で、翌年の旧制六高受験を目指して勉強を始めたのである。この一年間三時起きの体験が、後の回峰行の基礎になったのではないかと思う。

岡山一中から六高へは一番で入った。英語を捨て、数学に絞って勉強し、入試で満点を取ったからである。私の英語の成績にあきれた先生が「英語なんかやめて、数学で勝負しろ」と教えてくれたおかげだった。

（比叡山長臈）

私の履歴書 ⑤

葉《は》上《がみ》照《しょう》澄《ちょう》

生涯の心友に出会う

読書に熱中、哲学の道選ぶ

大正九年四月、旧制六高の文科乙類に入学した私に、伯父が言った。

「おまえ、もう勉強するな。それよりか、体を大事にせい。死んでしまうぞ」。

旧制六高

体が弱いうえに、午前三時起きの受験勉強で無理をしていた私は、自分でも、このままだと今に死ぬんやなあと自覚していた。それで高校に入ってからは、目をつむり、鼻をつまんで何でも食べるようにした。

そうするうちに体力もつき、中学までの弱さがうそのように、がぜん強くなった。弁論部に入って批判討論を練習したが、ガキ大将にいじめられても反論もできなかった私が、今度は批判する側にまわったのである。社会党の代議士で農林大臣をされた和田博雄さんら一級上の人たちとつき合っていたから、生意気千万になった。

伯父の言葉をいいことに、という訳ではないが、高校、大学時代はほとんど勉強をしなかった。その代わり、図書館にはよく通った。図書館長に信用があり、本をかってに出して読めたので、主として文化関係の、あのころ出た本を全部といっていいほど読んだ。

倉田百三の「愛と認識との出発」、西田幾多郎の「善の研究」、中沢臨川「近代思想十六講」、オイケン、ベルグソン、岩波の哲学叢書……。

父に向かって「そんなことを言って認識論を知ってるんですか」と言ったのも、このころだ。父は黙っている。これはいかんと思って、大学一年のときに父と論争するのをやめた。つまり父を見捨てたのだ。論争をしかけなくなった息子に父は安心したようだが、今思い出しても恥ずかしくて汗が吹き出す。

当時の六高には二級上に永野重雄さん、同級に桜田武君がいた。この二人は私の生涯の心友だった。日本商工会議所の会頭室に永野さんを尋ねて行くと、直径一㍍くらいの地球儀があって、それをグルグル回しながら世界のことを話し合った。新パナマ運河の建設中で、完成したら建設機械をインドに運んで、ガンジス川の源流からインド砂漠に運河を掘り、次にはエジプトとスーダンを流れるナイル川からヌビア砂漠に運河を引く。そうすればインド、アフリカの飢餓と貧困が救えるだろうと言っておられた。

六高入学直後の筆者

桜田君には、私の知らない政治、経済界のことをよく教わった。日本は政治後進国で行政封建国だと言い切り、歯に衣着せぬさっぱりした人柄だった。私がバチカンとイスラムとの和解を進めているのを励まして、「政治、経済には依るべき経典がない。しかし、それを経営するのは人間集団だ。仏典や聖書やコーランを持って運命共同体を説く宗教者が、もっと協力し合って世界を救う以外に道はない」と繰り返していた。

読書やスポーツ（私はもっぱら野次馬だったが）を通じて、そろいろ友人とのつき合いも広がっていったが、私はやはり文学好きな人間だった。そのくせ、どうしても文学に一生を賭ける気がしない。男子一生の仕事ではない、余技でいいじゃないかと思っていたのだ。

そして討ち死にすることはわかっているが、哲学をやろう、男子の本懐ではないかと考えた。澄んだ目で内面的に深く見て、全体像を把握しておおらかに広く受ける。それが哲学であり、仏教だと思ったのだ。当時は哲学といえば純哲、つまり純粋哲学、ドイツ哲学に決まっていた。ドイツ哲学をやれば必ず仏教にプラスになるんじゃないか。そろいろ気持ちがどこかにあって、東大のドイツ哲学科を選んだ。（比叡山長臈）

私の履歴書 ⑥

葉《は》上《がみ》照《しょう》澄《ちょう》

フィヒテに打ち込む

観念論より"実践に重き"

東大のドイツ哲学科に進学はしたものの、高校時代同様、大学も在籍したというだけで勉強らしい勉強はしなかった。

ドイツ哲学

今でもそうだが、芝居が好きで、しょっちゅう見に行っていた。英文科に仲のいい友達がいて、その男と一緒に月に五回くらい菊五郎一座を見たりした。私は吉右衛門が一番好きで、どういうものか哲学科の学生は皆、吉右衛門びいきだったようだ。

当時の歌舞伎は学生とわずかのインテリ、田舎のおばあさん、それに花柳界が支えていたといえる。ころ並べてみるとわかると思うが、歌舞伎と仏教は支持層が同じ、というのが私の考えだ。どちらも表現のテンポが遅くて、はがゆいようなところがある。もう少し変わらないものかと思わざるを得ない。

芝居のほかにも、あちこち見たり聞いたりして歩いた。神田にシネマパレスという映画館があり、いい作品がリバイバルで安く見られた。「制服の処女」「商船テナシティ」とか何べんも見たものだ。

芝公園にあった長唄研精会にも出入りしていた。東大の角帽をかぶっていれば、どこでも入れてくれる。東大の学生が長唄を聴いて、いっぱしに批評するというのも、今考えれば奇妙な図かもしれない。

印哲（インド哲学）など初めからやる気はなかったが、英米哲学も「あんなものはエッセーじゃないか、システムなんかないよ」というのが当時の雰囲気で、ドイツ観念論の全盛期だった。私も観念論を学びながら、次第にフィヒテに魅かれていった。

フィヒテはナポレオン戦争のときに、あの有名な「ドイツ国民に告ぐ」という演説をしてゲルマン民族の奮起を促し、教育による祖国の再建を訴えた。一年生の夏に湘南の鵠沼で、彼の伝記をドイツ語で読んだが、それがきっかけでフィヒテを研究するようになったのである。

東大構内で

すべての哲学はカントの門より入るといわれるが、フィヒテはカントの抽象的観念論から一歩出ようとして、具体的普遍ということを言っている。数学のような抽象的なものは人生の原理にはならない。永遠のような法則に従わなくてはならない。それは結局、良心の問題で、良心は個人的なものだが普遍的である。

しかし、フィヒテのは倫理的観念論であり、シェリングは芸術的観念論、ヘーゲルは論理的観念論。私も観念論に飛び込みながら、どうしてもそこから一歩出よう、実践に重きを置かねばと考えていた。

伝教大師に有名な「山家学生式（さんげがくしょうしき）」という書がある。

古哲又た言く、能（よ）く言ひて行ふこと能（あた）はざるは、国の師なり。能く行ひて言ふこと能はざるは、国の用なり。能く行ひ能く言ふは国の宝なり。三品（さんぼん）の内、唯言ふこと能はず、行ふこと能はざるを、国の賊と為すと。

言うだけで実行できないのは学校の先生、実行するだけで何も言おうとしない者は技術者、その両方できる者が国宝だという。

「実行が第一」という、この大師の考えが私はうれしくて仕方がない。しかも嵯峨天皇に奉られた草稿を見ると、「国の宝」の部分で「能く言ひ」を消して「能く行ひ」を先に書き改めてある。まるで私のために書いていただいたような気持ちがするのである。

（比叡山長臈）

私の履歴書

⑦

葉上《はがみ》照澄《しょうちょう》

教え子、年上ばかり

校歌めぐって〝自由〟論争

私は明治に生まれ、文化の時代といわれた大正デモクラシーの教育を受け、そして昭和で働いている。

大学を終え社会に出たのが、ちょうど大正十五年、年末に昭和元年となった年だった。四月、東大卒業と同時に、私は大正大学の専任講師、哲学研究室副主任になり、翌昭和二年、教授に昇任した。

新米教授

大正大学は、その年、新発足したばかりだった。それ以前は浄土宗一宗派が経営する宗教大学だったのだが、天台宗と真言宗豊山派が加わって、新制の大正大学になった。

まだ東大の文学部の出店みたいなものだったが、いい先生がたくさんおられた。浄土宗では椎尾弁匡、矢吹慶輝、梵語の荻原雲来。さらに望月信亨、渡辺海旭の諸先生。最初の一年間は、徽章（きしょう）も中央大学と同じ白い七宝だったが、学生たちは新興の意気に燃えていた。

そんな新しい大学に飛び込んで、初めは私もずいぶん悩んだ。偉い先生がおられるのは心強いのだが、教える学生まで、私より年上なのだ。新しい大学なので、再入学生が多く、彼らの多くが私より年かさ。意気の上がる〝先輩〟の学生たちに取り囲まれると、初めて教壇に立った新米教師としては、何とも心細いかぎりだった。

最初の教え子には、増上寺法主の中村康隆さん、長谷の大仏で有名な高徳院の佐藤密雄さんがいる。向こうのほうが偉いのだが、会えば今でも、私が先生と呼ばれる。

さらに大正大学教授で浅草寺の壬生台舜さん、インドの日本寺を創建して亡くなった祐天寺の巌谷勝雄さん、そのほか何人も学者がいるが、同年配の教え子が多いせいか、近ごろ訃報（ふほう）に接することも少なくなく、そのたびに暗澹（あんたん）とする。

大正大学には昭和十六年まで奉職したが、それはちょうど日本が戦争への道をまっしぐらに突き進んで行った時代だった。私も勤労報国隊の指導官として、学生と共に中国大陸に渡り、各地で戦勝を祈願し、前線の部隊を激励したりした。そんな中で記憶に残っているのが〝校歌騒動〟だ。

校歌は北原白秋作詞、山田耕筰作曲で、こういう歌だった。

晴れたる蒼空　若し若し
流るるかの雲　輝くこの風
立て立て鴨台　来れよ新生
自由の跳躍　独自の確立
生くべし生くべし　我等生くべし
自然の快活　敢えて奪はん

勤労報国隊の壮行会（前列右から４人目が筆者）

鴨台（おうだい）というのは、大学が巣鴨の高台にあったからだが、その次の「自由の跳躍」という言葉に、学内から疑問が出てきた。国民が一丸となって不自由を忍びながら戦っているのに、まずいのではという訳だ。

私は冗談じゃないと突っぱねた。倫理学の教授として、私はいいかげんな自由など教えたことがない。常に責任のない自由はないと主張してきたから、そういう「自由」を世間を気にして引っ込めたりする必要は全くないと言ってやった。そんなことで「自由」を削ったりしていたら、戦後大恥をかくところだった。

大正大学と名前を変えても、やはり宗教大学には違いなく、創立当初は何かにつけ三派（天台、豊山、浄土）三派といっていた。そのころから、全仏教的な立場で物を考えねばと思っていた私は、こんなことではいかんなあと考えていた。

しかし、三派といいながらも、表立ってけんかもせずに続いている。これは教育界の重鎮だった沢柳政太郎先生が、初代学長としておられたおかげではないかと、改めて感じ入るのである。

（比叡山長臈）

私の履歴書 ⑧

葉《は》上《がみ》照《しょう》澄《ちょう》

すれ違いの愛、実る

菊池寛の小説のモデルに

新婚の筆者夫妻

親も子もなく全く独り身の私だが、それでも一度は結婚している。それも見様によっては大恋愛の末といえないこともない。なにしろ菊池寛の小説のモデルになったくらいなのだから。

わが恋

女房は春子といったが、母親が四十を過ぎてから生まれたという。その前にやはり春子というかわいい女の子がいたが、それがぽっくり死に、身代わりのように生まれたのが女房なのだそうだ。

女房は小学校五年のときに、私が通っていた岡山一中に、友達と二人で遊びにきた。その友達にも〝おにいちゃん〟といった、いわゆる、あこがれの君がいたらしいが、女房にとっての〝おにいちゃん〟が私だった。当時、幻灯というのがあって、幻灯に映し出される安徳天皇が女房にとっては恋人のイメージだった。その安徳天皇に私が似ていたのだという。もちろん、まだ中学一年だった私は、そんなことはつゆ知らぬ。

高校一年のときに初めて正式に女房と会い、恋をするのだが、女房の方はそれ以前からちょくちょく私に会いにきていたという。そんなふうに女房のほうが積極的だったが、私たちの恋は、どういうわけか、それ以後もずっとずれがあった。

女房の二番目の姉は大変な美人で、ドイツ語でオイグライン、美しい瞳と呼ばれていた。女房はその妹だからヒェン、オイグラインヒェンがあだなだった。私は六高に進み、女房は隣の山陽女学校に入ったが、何とラブレターを一万通ももらっていたという。

そういう女房に恋をした私は、自分は彼女に値しないのではないかというコンプレックスを持った。本当に恋をすると逃げたくなる。純粋であるだけに弱気になるのだ。そのうちにいいなずけの話ができて、親たちが勝手に決めたが、私は何も聞かされない。友人の間で評判になっても、だれも私には教えてくれない。女房も私あてに手紙を書いても、渡すことはできずに土に埋めていた。

私は悩んでも、ドイツ語の辞書の見返しに春子という名を繰り返し書くことしかできない。周りはおもしろがって、春子さんが結婚したなどという悪だくみをして私を困らせる。こちらは堕落する一方で、まるでやけくそだった。

その後、女房は東京の第一高女に入り、私は友人と岡山駅に見送りにいったが、一言話したかどうか、握手もせずに別れた。私が東大を目指したのは、そのせいもあったろう。だが大学時代は、私が市川に引っ越したりしたこともあって、なかなか会えずじまいだった。

それが、私の卒業と同時に女房から手紙がきて、「今まで待っていました」という。こっちはもう縁が切れたかと思っていたから、何のことかと思ったほどだった。当時女房は結核をわずらって鵠沼で養生していたが、そこで再会し、とうとう結婚したのだ。

女房の友達を介して、私たちの恋のエピソードを織り込んだのが、昭和五年、「キング」に連載された菊池寛の「心の日月」。主人公は岡山の女学校の皆川麗子で、六高生磯村晃に恋をし、嫌いないいなずけとの結婚を前に東大生になった磯村を頼って上京する。飯田橋駅前で待ち合わせるが、二人とも出口が二つあることを知らずにすれ違い。

以後二人はすれ違ったまま一年余、それぞれの人生で新しい恋人を見付け、最後に出会うという波乱に富んだメロドラマだ。評判を呼び、連載終了後すぐに、田坂具隆監督が入江たか子主演で映画化し、さらに戦後の二十九年、木村恵吾監督も映画にしている。

（比叡山長臈）

私の履歴書

葉《は》上《がみ》照《しょう》澄《ちょう》 ⑨

大学で哲学を教える傍ら、私は学生たちに向かって「勉強の嫌いな奴はスポーツをやれ」と、呼び掛けた。体の弱かった私は、自分ではやらなかったが、スポーツは好きだった。プライドの無い若者は堕落するだけであり、プライドを持たせる手っ取り早い方法はスポーツに打ち込ませることと考えたのだ。

スポーツ教育

手始めに柔道部の部長を引き受けた。というのも六高時代の友人に、桜田武君をはじめ柔道部の連中がたくさんおり、彼らは粗野ではあったが、かえって純粋で、柔道をやる者に好感を抱いていたからだ。渡辺海旭先生に揮毫（きごう）していただき、柔道と剣道の道場に「降龍伏虎」（ごろりゅうふっこ）の額を掲げたものだ。

学生たちにプライド

カヌー部創設、全国上位に

大正大学には、宗教大学のころから卓球部、テニス部、相撲部などがあって活躍していたが、いかんせん新興大学で、よその伝統のある大学と比べると見劣りがする。対抗試合や全国大会に出ても、なかなか上位に食い込めないのだ。

スポーツに力を入れるといっても、負けてばかりではプライドも育たない。ほかの大学に劣らぬ運動部を作りたいものだと考えて、カヌー部を創設した。

テニスの第一回全日本学生選手権大会が開かれたのが昭和四年、やはり第一回の全日本柔道選手権大会は翌五年という時代だ。カヌーをやる大学などまだ少なく、大正大カヌー部は間もなく全国でもトップクラスになった。そうなると張り合いが出てくるから、練習にも力が入る。めきめき強くなって、日本のカヌー界をリードする存在になっていった。

カヌー部の創設は、私が大正大学に残した誇れる遺産だと思っている。

これは余談になるが、昭和四十七年のミュンヘン・オリンピックに、私はカヌーの総監督として参加した。監督以下全員ブレザーコートに日の丸を付けている中で、私一人いつも通りの法衣で押し通した。

この大会で日本の男子バレーボールが初めて優勝したが、その準決勝戦を観戦した。相手はブルガリアで二セットをとられて三セット目。それも四対〇と追い詰められて、もはや絶体絶命。観客席の後ろのほうで、日本の女の子が五、六人固まって日の丸の小旗を振っていたが、応援の声もだんだん小さくなって、泣き声になってしまった。

優勝したカヌー部員と筆者（左端）

そこで私は大声でどなった。「やけになれーっ！」。すると、日本選手は覚悟を決めたのか、開き直ったのか、がぜん背筋が伸び、腹が締まってき、スパッ、スパッとスパイクが決まり始めた。

監督は松平氏で、背番号10の大古君、亡くなった2番の猫田君もいた。私の声が聞こえたのかどうかは知らないが、そこから大逆転が始まり、見事決勝に進んだのだ。

余談ついでに好きな野球の話だが、〝生涯一捕手〟の野村君が現役時代よく私のところに来ていた。ホームランが打てなくなるとやって来るのだが、別に説教をするわけではない。ただ私のところに来ると何となく心が休まり、安心してバッターボックスに入れるというのだ。

その野村君が三冠王になった前の年、南海が新人を高額で獲得するため、現役の給料を下げることにした。夜中の十二時すぎに野村君から電話があり「馬鹿にしている。野球はやめる」と言う。そこで私は「怒れ、怒れ。しかし人や組織に怒っても屁にもならん。球に向かって怒れ」と言ってやった。

翌年、彼は一球一球を、こんちくしょう、こんちくしょうと打って三冠王になった。圧迫されてもへこたれない精神、大学でスポーツを奨励したのも、そんな人間に育ってほしかったからだ。

（比叡山長臈）

私の履歴書 ⑩

葉《は》上《がみ》　照《しょう》澄《ちょう》

前々回で女房ののろけ話をさせていただいたが、結婚で彼女と私のすれ違い人生が治まったと思っていたら、ままならぬもので、わずか十数年一緒に暮らしただけで女房は一人あの世へ旅立ってしまった。

三十一歳、早すぎた死
心にしみた教え子の読経

妻との別れ

女房は体格は良かったのだが、若いころに結核にかかり、肋膜から腹膜炎になって亡くなった。宮中の侍医にも診てもらい、肋膜は治ったのだが、結局それだけの運命だったのだろう。

亡くなる前に母が浅草の観音さまのお守りをもらってきてくれたが、女房が中を見たいと言う。お守りの中は見るもんじゃないと言っても、どうしても拝みたいとせがむ。しようがないので開けてやると、柳の板の御影が入っていた。

死ぬ前の病人は寂しがるというが、女房もそれまで寂しい、寂しいといっていた。「オレがいるからかまへんじゃないか」といっても駄目だったのが、お守りの中の観音さまを拝んでからは、一言も寂しいといわず、それから間もなく亡くなってしまった。私は女房も観音さまに救いとられたと信じている。

女学校時代にたくさんのラブレターをもらったと書いたが、女房は学生にも評判がよく、歌が好きだったこともあって、家にはしょっちゅう学生が訪れていた。天台、浄土、豊山の三派の運動部の学生が中心だったが、その学生たちが「先生の奥さんのために」といって、まる三日間お経を上げてくれた。学生だから、まだお経は下手だが、気持ちが純粋だから声は澄んでいる。子供はないし、女房に先立たれて一人ぼっちになった私は茫然自失だったが、彼らのお経が本当にありがたかった。

それまで私は大学教授としてはさておき、坊主としては全くいい加減な気持ちだった。卑近な例ばかりを目にして、坊さんは不労所得で生活していると思い込み、私自身髪も伸ばしたままだった。その私が学生たちのお経を耳にして、「僧侶であることが、何が不労所得か。真剣にやらんからいかんのだ。真剣に経を読めば、こんなに人の心を打つじゃないか。心を打てば、それで成仏しているんだ」と信じることができた。

女房を失ったことがきっかけで、考え方が変わってきた。学生たちの姿に感銘し、私のろけたありがたさを他の人にも分かちたいと考えて、翌年のお盆の棚経は、一軒一軒丁寧に拝んで回った。こうして私は信仰に目覚めたといえる。女房は私にとって善知識だったのだ。

学生とともに法華大会に参加（前列が筆者）

女房は三十一歳で亡くなり、私は三十三歳だった。その後母から改めて嫁をもらったらともいわれたが、女房とは周りからうらやましがられて結婚したのだし、子供こそいないが、ひと通りの人生はすんだなと得心していたので再婚はしなかった。

が、女房に続いて、太平洋戦争の開戦直前に父も亡くなり、七十すぎた母が一人、郷里に残された。たった一人の母を放っては置けないと、私は岡山に帰る決心をした。

当時は箱根の関を越すことは学問の世界から離れることを意味していた。十六年間在職した大正大学の教壇を去ることは、身を切るような思いだったが、母のために帰ろうと思い切ったのだ。

帰郷を思い立った理由はもう一つある。昭和十一年の二・二六事件。決起した軍人たちは尉官クラスだった。彼らの考えも分からないではないが、佐官クラス待遇の我々大学人から見ると、その行動はいささか常識外れだ。現役の将校がクーデターを起こしては軍隊の統制が取れない。そのうえ、将官がさんざん若い者を扇動しておいて、いざとなると責任回避をする。

その将校たちが満州(中国東北部)で要職についたりしたこともあって、ますます嫌になり、「こんな東京にはおられん」と思うようになったのだ。

（比叡山長臈）

私の履歴書

葉《は》上《がみ》照《しょう》澄《ちょう》 ⑪

興亜観音に写経奉納

僧俗三十三人に揮毫求める

昭和十六年十二月八日、太平洋戦争の発生を機に、私は大正大学教授の職を退いた。母の待つ岡山に戻るのだが、東京を去るにあたって約十日がかりで一つの仕事をした。興亜観音に書写経をお納めしたのだ。

戦争

興亜観音は昭和十四年十月、松井石根（いわね）大将が発願して熱海市鳴沢に建立した。中国・南京方面の最高指揮官であった松井大将は、中国を最も愛しながら中国と戦う運命を担った悲劇の将軍だった。将軍は戦争に強い責任感を持ち、日中両国軍人の戦血に染みた江南の土で観音像を造立したのだ。

将軍は戦後、南京捕虜殺害事件の最終責任者としてA級戦犯となり、潔く生命を捧げられた。その最後に立ち会った花山信勝師は「南京入城の日、将軍は大慰霊祭を行いたいと提案されたが、集まっていた師団長たちは一笑に付したと、大変嘆いておられた」と書いている。おそらくこれが興亜観音建立の最大の理由だったのだろう。

私は浅草寺の大森亮順大僧正にしたがって興亜観音の開眼供養に列席したが、そのときに法華経の普門品偈（ふもんぼんげ）を書写して奉納することを発願していた。いよいよ書写経を奉納しようと思い立って、私は観音の化身ともいうべき三十三人の僧俗の方々にご染筆をお願いした。大正大学で天台密教を講じておられた浅草寺の清水谷恭順大僧正に紹介していただいたのだ。

まず経題は大森大僧正にお書きいただき、普門品の偈の第一章、なぜ観音と名付けるかのところを、伝教大師奉賛会長で、敗戦で悲劇の最期を遂げられた近衛文麿公にお願いした。直接にはお目にかからなかったが、「書債は山のようにあるが、何をおいても書く。その代わり、もし奉納しなかったら返してくれ」と言われた。

二番目の「汝聴け観音の行とは」の偈文は、天台座主渋谷慈鎧師。同じ岡山のご出身で、高浜虚子先生とも親しく、小柄で端正な方だ。三番目は皇太后宮大夫の大谷正男氏。字はいかにも役柄にふさわしい、伸び伸びとした高貴な書風だった。

このように僧俗交互に書いていただき、続けて仏教界の第一人者、法相宗管長、法隆寺貫首の佐伯定胤師には法隆寺の小さな応接室でお目にかかった。濡れ縁を走るようにして入ってこられ「待たしてすまなかった」と、若輩の私に丁寧にわびられるのには、さすがに高徳な方だと感じ入った。次の鈴木貫太郎氏は敗戦時の総理大臣だが、体の大きな人で、太い指で筆を持ちながら「こんな小さな字は難題ですなあ」と言っておられた。

このあとは後の天台座主、中山玄秀師、鈴木貫太郎氏夫人孝子さん、輪王寺門跡長沢徳玄師、さらに興福寺、清水寺住職の大西良慶師、犬養木堂氏の子息で、中華民国国民政府顧問の犬養健氏、ひげの陸軍大将林銑十郎氏、松井石根大将ご夫妻らにご協力いただいた。

その中でも最も印象が強かったのは、司法大臣宮城長五郎氏だった。宮城県出身で、学問でも実務でも大変しっかりしており、信仰も深い方だった。大正大学で教えられた因縁もあって、よくお話を伺ったが、雑司ケ谷のご自宅で「物騒な世の中ですなあ」と言われながら、「いや分かりました」と、「牢獄につながれていても、かの観音の力を念ぜば、釈然として解脱を得ん」の偈を書いて下さった。

いま思えば、よくぞ皆さん快く書いて下さったと、感謝に耐えない。幸い、松井大将も「ここの一番の宝だ」と、喜んで下さった。

十二月十七日に書写経を奉納し終え、これで東京に思い残すことはないと、私は二十年ほどの東京生活を終え、岡山行きの列車に乗り込んだ。

（比叡山長臈）

私の履歴書

葉《は》上《がみ》照《しょう》澄《ちょう》

⑫

若人集めて塾を開く

七人の生徒とともに学ぶ

岡山に帰ったものの、前にも書いた通り、常住寺は池田侯の寺で檀家は一軒もない。法事を頼みにくる人もいたが、他の寺を紹介して、私自身は引き受けなかった。

帰郷

岡山に帰って私がやろうとしていたことは、まず初めに女房の供養に宝篋印塔（ほうきょういんとう）を立てることだった。鎌倉時代風のを立ててやろうと考えていたのだが、あるとき足利尊氏の再興した京都の等持院に行ってみると、尊氏の墓が宝篋印塔なのだ。それを知って一遍に嫌気がさした。

その一方、常住寺は小高い丘の上にあって環境がいいので、ここで何かを始めたいと思っていた。図書館を作ろうとか、友人ともいろいろ話し合ったが、なかなか実行が難しい。そこで宝篋印塔の代わりに、生きた塔を作ってやろうと思い立ち、若い人を集めて塾を開くことにした。

塾といっても現代の進学塾とは違う。吉田松陰の松下村塾にちなんで「金剛山塾」。金剛山常住寺という名から採ったのだが、金剛山には楠正成が立てこもった千早城の跡がある。そこで「思え建武のその昔、金剛山に籠りたる大楠公のその心」と塾歌も作り、毎日塾生と共に歌った。

まだ元気だった母が、田舎の和気からしばしばやって来てくれた。そろそろ不自由になった草餅などを、そのつど持ってきて塾生を喜ばせてくれ、和やかな毎日だった。

塾生や母と一緒に山口県・萩の松下村塾も拝見したし、五月二十五日の楠公の命日には必ず金剛山に登った。千早城址のある森屋の墓地で二基の五輪塔を拝すると、改めて楠正成の偉大さを思い知った。

敵を敵と呼ばず、寄せ手というのだが、その寄せ手塚は正面の登り口近くにデンと大きく建っている。逆に味方塚はその奥に小さく引っ込んでいる。昨日の敵は今日の友という怨親（おんしん）平等の精神は、まさに仏教の心ではないか。

塾生は六高の生徒の中から選んでもらった。六高の先生をしていた友人に頼んだのだ。初めは三年生一人と一年生が四人で、三年間で合計七人を教えた。勉強といっても、哲学を語り、芸術や音楽に親しむ。生徒と一緒になってモーツァルトを聴き、瞑想にふけっていたに過ぎない。

それでも友達が優秀なのを選んだせいか、六人が東大の工学部に入り、一人は岡山大学医学部に進んだ。

金剛山塾第一回ハイキング（倉敷美術館で）

私は大正大学のあと、この金剛山塾、さらに戦後の比叡山高校と、ずいぶん若い連中を教えてきたが、昔も今も若い連中には打てば響くところがあるのがうれしい。

若いだけに生意気千万で、悪口を言ったりもするが、それでも彼らはやはり求めている。真剣に求めているのに、親や教師が腰くだけになったり、肩ずかしをしてしまうからいかんのだと思う。若い連中にこたえるだけのものを、こっちが持たなくてはいけない。そうすれば自然に理解するものだ。

最近の若者が、昔とちっとも変わっていないといういい例がある。入学試験のときに、母親に連れられて拝んでくれと頼みにくる。私は「任せておけ」と引き受ける。

「試験のときに問題用紙に名前だけ書いて伏せ、叡山のほうを向いて一分間だけ拝め。それから問題を見れば、スッと分かる。必ず実力以上発揮させてやる。その代わり八の実力を九まで出してやっても、向こうのレベルが十だったら、わしの責任じゃないぜ。だから、そこそこ勉強せなあかんで」。相手はなんだという顔をしているが、試験当日には必ずお札を持っていくという。安心感があるのだろう。

こんな経験からも、いい暗示はいくらでも与えるべきだと思う。ふだんは照れたり、甘えたりしていても、試験当日は真剣になる。その真剣な気持ちにこたえてやることが教育なのだ。

（比叡山長臈）

私の履歴書 ⑬

葉上《はがみ》照澄《しょうちょう》

論説委員

私の青壮年時代は戦争の時代だった。大学入学直後に兵隊検査を受けたが、体が丈夫でなかったから第二乙種。私を知っていた連隊司令官が「あんたはしっかり勉強してくれや」と言ってくれ、結局兵隊には行かずじまいだった。

もともとミリタリズムが嫌いで、特に青年期は反体制的であることに悲壮感や優越感を抱く。それでも日本の敗色が濃くなり、生きるか死ぬかの段階になってくると、いつの間にか死を選ぶ空気に慣らされてきた。

戦争に対してはだれでも反対論者のようなことを言うが、歴史は戦争なしにすまないできたことも事実である。必要悪として是認してきた面も多かったのではないか。二度の世界大戦を経て、大きな犠牲を払ってきた人類が、果たして今、本当に戦争は悪だと認識しているかどうか、私はまだ疑わしいと思っている。

昭和十七年六月から、縁あって山陽新聞（当時は合同新聞）の論説を書くようになったが、そのころの論説委員がかならず書かせられたのが「必勝の信念」。私は神風など信じておらず、唯一の信念は勝つまでやる、つまり隠忍自重して相手が倒れるのを待つ、そういう大陸根性だった。

いま思い出しても大人気なくて恥ずかしいと思うのは、「米英」と書くのに、それぞれけもの偏を付けたことだ。それでも私は戦後パージの対象にはならなかった。内閣情報局ができる前に書いていた者は、戦争をあおったという解釈をされるのに、情報局以後は書かされたという判断でパージにならないのだという。これを聞いて法律というのもいい加減なものだと思った。

降伏調印、横浜で取材

マッカーサーの姿に圧倒

そんな調子だから、二十年八月十五日の敗戦を迎えても、戦いはまだ終わっていないという気持ちをぬぐい切れなかった。私の誕生日でもあったので、よけい気持ちの引き締めが強かったのかもしれない。

九月二日、ミズーリ号の艦上で降伏文書の調印式が行われた日、私は新聞記者として横浜港に押し掛けて行った。マッカーサーを海の中に放り込んでやろうというくらいの意気込みだった。

県庁に大本営連絡所と終戦事務局があって、同盟通信（現共同通信）の記者、カメラマンと三人で船に乗せろと交渉したがらちがあかない。船は出てしまい、しようがないから、戻ってきてからインタビューしようと波止場に行くと、米軍の中尉くらいのがいた。同盟の記者が「我々は日本におけるニュース・エイジェンシーの唯一のものだ」とうまいこと交渉をすると、すんなり許可してくれた。

そこでいらいらしながら待っていると、やがて調印式を終えた一行が戻ってきた。マッカーサーもパンと体当たりしたら海に落とせるくらいの近くを通ったが、私は何もできなかった。

例の通り上着なしの軍服姿で、金バックルのベルトをして、コーンパイプをくわえている。それがまことに淡々として、みじんも勝者のおごりがない。後に彼自身がその時の気持ちを「祈りに似た気持ちだった」と書いているが、私は「ああ、負けた」と実感し、それまでの内なる狂気が崩れ去ってしまった。勝つということ、負けるということは、こういうことなのかと、自得したような気持ちで横浜港を去っていった。

それからしばらくして、マッカーサーの日本人の精神年齢は十二歳という発言があった。彼がどう思ってそう言ったかは知らないが、日本人自身が精神年齢十二歳、四等国民と卑下してしまったのは困ったことだった。

これを聞いて、至らぬながらもう一度、若い者の教育の立て直しをしなければいかんと考えた。フィヒテを卒論にした因縁で、彼がゲルマン民族の自覚を促し、教育によって国を再興したことが忘れられず、大和民族のためにと思い込んだのである。

若い人の教育のためには、まず自分から学び直さねばならない。そのためにもと、比叡山に入ることを決意したのが昭和二十一年、満四十二歳の春だった。

（比叡山長臈）

私の履歴書 ⑭

葉《は》上《がみ》照《しょう》澄《ちょう》

叡山の傑僧に導かれ

貧なる生活、議論の日々

大正十年、開創千百年に当たって、高校二年生だった私は、父に連れられて比叡山を訪れたことがある。

権威の象徴のように見える大寺院の中で、障子を張り替え、きちんと掃除の行きとどいた浄土院だけは、私にも「あ、ここはいいな」と思わせ、初めてある程度のありがたさを感じさせてくれた。もっとも、その晩、父は坂本に泊まったのに、私は当時人気の高かった天津乙女をみたさに、宝塚に行ってしまったのだが。

自分でも想像もしなかった成り行きで、それから四半世紀後の昭和二十一年三月、私は比叡山上の無動寺にこもることになった。

山ごもり

私を導いてくれたのは叡山の傑僧と言われた叡南（えなみ）祖賢師である。私の将来を心配した母が生前、自分の前で叡南師と義兄弟の約束を結ばせてくれた縁だった。私と同じ明治三十六年の生まれなのだが、三カ月だけ早いので「三カ月だけは、俺がいつも先に行っている」と威張っている、おもしろい人だった。

山に籠ると同時に、私は同法塾という若い僧侶のための塾を開き、一年間一緒に修行をした。と言うと体裁はいいが、若い人の手が必要だったのだ。

この年はちょうど戦時中から千日回峰行を続けていた叡南師の満行の年であり、無動寺の護摩をたく暇もなかった。そこで私の先輩が護摩をたき、彼と二人でご飯を炊いたりした。それに千日回峰行では八百日からはお伴を連れて歩いてもいいことになっており、叡南師のお伴をする人も必要だった。

敗戦直後で物も金もないときだから、食事といっても雑炊。何人もいるのにじゃがいも四つが昼飯ということもあった。しかも師のお伴をする者は長距離を歩くから、当然腹いっぱい食おうとする。他の連中はそれを見てひがむという有り様だった。

その翌年、私が回峰行を始めてからも事情は変わらず、その辺の草を全部食べていた。幸い味噌があったので、たいていの草は味噌を付けて食べた。タンポポなどは大変うまいし、茹でると葉のギザギザがなくなって、ホウレンソウのようになる。

それに筍（たけのこ）とワラビがあり、筍が出る年と、ワラビの多い年が一年交代なので助かった。七厘と壊れた鍋、それにフライパンと洋皿。それだけですべての食事を間に合わせていた。

最近の若い人から見れば、とんでもない貧乏生活だろうが、敗戦直後で特別ではあるが、もともと貧乏は有名で、比叡山名物〝論湿寒貧〟と言われるくらいなのだ。

「論」は論義で、二百もの解決し難い問題があり、探題が問題を提出し、その問題について質問するのが問者、講義するのを講師（こうじ）といい、二人の間で問答を往復する。その結果について探題が判定するのである。一番上の上席探題をもって天台座主とすることになっている。

比叡山は学問と修行の本場だから、とにかくよく議論をする。今では儀式化してしまい、書いたものを読んでいるが、それでもお経を読むより論義をするほうが、仏様がお喜びになるというほどの伝統がある。

「湿」は湿気で、琵琶湖が原因だ。霧がパーッと巻きあがって来ると、山の上はとたんに湿っぽくなる。叡山を開かれた伝教大師最澄上人は、五十六歳で亡くなっているが、湿気が体に良くなかったということもあろう。

「寒」は文字通り寒さだが、京都側と坂本側に付いているケーブルの上と下では五度は違う。京都は盆地で寒いといわれるが、その京都市街と叡山の上とでは七度から十度違うという。口の悪い連中は比叡山は霊山じゃなくて冷山（ひえざん）だといっている。

最後の「貧」が初めに紹介した貧乏。あんまり貧乏でも困るが、我々は「僧は貧なるをもって尊しとする」と公言している。貧乏に生活を圧迫されて「なにくそ」という気持ちが起こるからこそ、発奮、発展もあるのではないか。

（比叡山長臈）

私の履歴書 ⑮

葉上《はがみ》照澄《しょうちょう》

"山修山学"がモットー

人間づくりこそ真の役割

比叡山

霊山の叡山に三大地獄あり、お勤め地獄、掃除地獄、回峰地獄――という。朝から晩まで、晩から朝まで拝み倒す横川（よかわ）のお勤め地獄、伝教大師の御廟を守り、十二年間山を降りず、ちり一つ雑草一本生やしてはならぬという掃除地獄、一日最高八十四キロ、千日間歩く回峰地獄。

叡山に籠った翌昭和二十二年、私はこの千日回峰行を始めたのだが、その苦しさ、楽しさを書く前に、すこし叡山のPRをさせていただこう。

というのも、よく比叡山は何をするところかと聞かれるからだ。いまだかつて叡山の上では葬式をしたことがない。それじゃ何をするところかと、一般の方は疑問に思われるのだろう。

私は「人間をつくるのが叡山の仕事だ」と割り切っている。そのためには指導する者が本式に修行しなければならない。修行の本山、仏教総合大学が叡山の姿なのである。

私どもは開山最澄上人を宗祖根本伝教大師とお唱えしている。根本大師という理由の一つは大師号宣下が弘法大師より五十余年前、日本で最初の大師様だからだ。もう一つは、それ以後の全仏教は根本大師のお考えが根底を成していることだ。

禅でも念仏でも法華経でも、各宗の祖師方はみな比叡山から巣立っている。だからこそ叡山を仏教総合大学だと言うのである。

"山修山学"が叡山のモットーだが、それが形式的に移されているのが山号。町のど真ん中にある寺でも〇〇山〇〇寺という、あれだ。比叡山、高野山が出来てからの言い方で、それ以前の法隆寺には山号はない。ついでに言えば、延暦寺は年号をお寺の名に付けた最初で、それほど公的な存在だった。下って江戸時代、寛永年間に比叡山の末寺として年号を取ったのが東叡山寛永寺というわけだ。

そういう山だから、私も叡山に入ったときには「そんなとこに逃避してあかんやないか」などと言われた。が、私は断じて逃避だと思っていない。坊主は葬式ばかりして、何をしているかとも言われるが、少なくとも私どもは、社会の指導者の方にアドバイスすることが仕事だと思っている。一人の指導者は千万人に匹敵する。その人たちが心の底から動いて下されば、大きな意味がある。そういう仕事が山の宗教の行き方なのではないかと思っている。

仏教の伝道というと、必ず大衆化が言われるが、大衆化の名の下に水増ししたものを与えれば、大衆はそっぽを向いてしまう。本格を追求すること、それが本当の大衆化だと思う。そのためにこそ、我々の修行があるのだと信じているのだ。

こんなことで叡山のあり方が分かっていただけたかどうか。さて、その叡山は三塔十六谷三千坊といわれる。三塔は地区で、根本中堂のある東塔、本当かどうか知らないが、弁慶がいたという西塔、それに一番奥が横川。十六谷は東塔、西塔、横川に五つずつと、横川の一番下の飯室谷をさす。

昔から「東塔のだんな、西塔のやから、横川のものども」といって、東塔が権力を持っている。その東塔でも掛け離れたところにある無動寺谷の者は根本中堂には入れてもらえても、内陣までは入れない。だが、おもしろいもので、いちばん圧迫されている横川と無動寺谷から道元、恵心僧都など偉い人が出ており、日蓮さんも十一年間横川で修行された。

私自身は叡山に入ってから、まる十五年間無動寺谷におり、その後一年、横川の奥にいた後、現在は琵琶湖のほとりの東南寺に住んでいる。根本中堂の東南にあたり、元は伝教大師のご両親のおられた場所だ。

ここでは毎年、三カ月の安居（あんご）といって、山での修行を終えた者が村の人を集めて、東南寺説法をする。

今は形だけだが、それをやらないと座主にはなれないしきたりになっている。そういう場所の、いわば留守番役である。

（比叡山長臈）

私の履歴書

葉上《はがみ》照澄《しょうちょう》　⑯

四十五歳、命を賭けて

千百年間続く荒行に挑む

昭和二十二年、私は千日回峰行に入った。虚弱な体だったから、友人は「回峰行やったら死ぬわ。やめとけ」と言う。

千日回峰行

かぞえで四十五歳、体重十四貫（五二・五㌔）、身長五尺三寸五分（一㍍六二㌢）。私自身、夢にも千日をやるなどとは考えていなかった。百日、百日、できるだけやっていこうというつもりだった。

千日回峰行は千日を一期として叡山の峰や谷を巡拝する比叡山独特の修行法だ。最初の七百日までは毎日の行程が七里半（三〇㌔）で、山中にある堂社、旧跡、遺跡から一木一草まで定められた三百カ所で、それぞれ読経と修法を行う。七里半には未完成の意味がある。日本では八百万（やおよろず）の神、八百八町など八が尊ばれるが、その八に対して少し足りない七・五なのだ。

それが満了すると、無動寺の明王堂に参籠（さんろう）して九日間、断食断水、不眠不臥（ふが）で十万遍の不動真言を唱える。

次の百日は、それまでの行程に雲母坂往復が加わった赤山苦行で、毎日十五里（六〇㌔）。さらに次の九百日までの百日間は京都一周の大廻（まわ）りが加わって、二十一里（八四㌔）になる。そして最後の百日はまた七里半に戻り、大行満となるのである。

しかもこの間、一日たりとも休んではいけない。病気休みも認められない。「行に入ってから病気をするのは、真剣になっていないからだ。そんなものは思し召しにかなわないから下山しろ」というわけだ。そして切腹を命じられる。実際、行中は必ず短刀を一振り身に付けている。

さらに言えば、最初の三年間はいわば見習いで、足袋を履くことを許されず、素足に草履を履いて歩く。笠を持っているが、これも三年間はかぶれず、手に持って歩く。まったく野蛮すれすれの修行である。

とはいいながら、この回峰行は千百年も続いているのだ。伝教大師の孫弟子に当たる相応和尚（かしょう）という方がいるが、法華経の中の常不軽（じょうふぎょう）菩薩の姿に感動された。常不軽、常に軽んぜず。会う人ごとに、あなたは仏さまだといって拝んだのだという。だが相手は、おまえのような乞食坊主に拝まれてたまるかと石を投げ、棒で殴りかかる。そうされながらも、あなたは仏さま、尊敬申しますと、拝んで歩いた。そして七年たって死に、六根が清浄になって生まれ変わったのが私だと、お釈迦さまが言っているのだ。

十七歳の相応和尚はすっかり感動して自分も拝んで歩こうとしたが、まだ小僧で許されず、その代わりに千日間、雨が降ろうが槍が降ろうが、一日も休まず花を持って根本中堂に通われた。これが回峰行の事実上の起源である。

この荒行が現代まで絶えずに続いているのは、一切の妥協を排して厳格に守られてきたからだろう。同時に、野蛮に見えながら、極めて合理的な配慮がなされているからである。

例えば初めの三年間は、年間百日しか許さない。四年目から二百日やって、五年目でちょうど七百日。それだけの修行を積んで初めて断食断水に入るのだ。しかも、ちゃんといい先達が付いてくれる。自分の経験からも、私は伝統とは合理的なものなりと確信している。

織田信長が比叡山を焼き討ちした天正以前の記録ははっきりしないが、自分たちの修行の山を焼かれた回峰行者が復興に立ち上がった。それ以来、千日回峰の記録によれば、私で三十九人目。前年の昭和二十一年に叡南祖賢師が満行しており、私は戦後始めた第一号ということになる。

初めに百日ずつやっていくつもりと書いたが、心の中では命を賭ける決心ができていた。学者の中には、死を賭した回峰行を、そういう形をとった通過儀礼だという人もいるが、ほかの人はいざ知らず、私は真っ正面から受け取って「よし、死んでやる。どんなことがあっても休むものか」と決めた。（比叡山長臈）

私の履歴書 ⑰

葉《は》上《がみ》照《しょう》澄《ちょう》

自然の美しさ、励みに
「死にに行く」覚悟の毎日

回峰行には独自の服装がある。まず浄衣（じょうえ）。白麻の狩衣のようなもので、これに野袴、脚絆をつける。白の死に装束だが、同時にもっとも清浄であり、汚れが目立つので、常に洗濯をしなければならない。

初回峰

笠は叡山独特の行者笠で、桧を細くしたものを編んでいる。蓮の葉がくるっと巻いたような形をしているのは、昔通りの藪だらけの行者道を突っ切っていくのに最適だ。

草履も行以外には使ってはならない特別のもの。ひもが左右に四本ずつあり、八葉の蓮台をかたどっている。行に出る際は死者同様、畳の上で草履を履いて、そのまま出ていくのである。いわば毎日死にに行く。そして生かされて帰ってくる。その繰り返しである。

行の期間中は毎日午前二時起き。私の場合は前日の夕方に五合の飯を炊き、その四分の一を味噌雑炊にして半分だけ食べた。目覚めた後、腹持ちのために堅い飯を四分の一食べて、行に出る。十時半ごろ、行を終えて帰ってくると、ゆうべの残りの雑炊に配給のザラメを放り込んで食べる。従って一日二合五勺、残りは翌日の分だ。

回峰行はただ歩くだけではない。拝む場所が三百ほど決まっており、初日に先達が同行して教えてくれる。しかし、一度ではとても覚え切れない。手文といって行の内容を書いたものを持って歩くのだが、暗闇で小田原提灯をかざして見ながらやっていたのでは時間がかかって仕方がない。拝みもらしてはいけないから、初めのうちはその辺のなんでもない石まで拝んでいた。

なれてくると、般若心経を唱え終わったところで、自然に次の拝むところに来ているようになる。「ハラ・ソウギャテイ・ボジ・ソワカ」と「心経」の末尾を言って無動寺の上へ行くと、男山八幡さまが見える。そこで「八幡」と神さまの名を呼んで、「オン・アミリタ・テーゼー・カラ・ウン」と阿弥陀さまのご真言をいう。

竹生島は弁天さまで、三百カ所のうち見えたところで拝む。「オン・ソラソバテイエイ・ソワカ」。しかし相手は立ち木だし、琵琶湖の景色もいい。「みんなまだ寝てやがる。弁当さえ持たしてくれれば、申し分ないのだが」などと、つい考える。

途中、玉体杉というところに大きな石があり、そこで腰を下ろして御所を拝む。それ以外では、一切休んではならないことになっている。

先達が行のアドバイスをしてくれるが、私の場合は三百日になったときに叡南師が「きみ、まだインテリ臭さが残ってるぞ。眼鏡とっちゃえ」と言う。先達の一言だから「よし」と外してしまった。しかし、かなりの近眼だから眼鏡なしではボーッとして見えやしない。山を歩くときも、登りは前かがみでピントが合うが、下りになると足元が見えない。登りは速いが、下りはどうしても遅くなる。

眼鏡はその後、回峰行を終え、さらに千日ずつ計三千日の行を収めた後で「一通りやったから掛けてよろしい」と言われて、また掛け始めた。

初回峰の二十二年は、雨の降らない寒い年だった。明け方は特に冷え込み、拝もうにも手がかじかみピタッと合わない。逆に二年目は雨ばかりで、麻の衣は乾かないし、小田原提灯はすぐに消えてしまい、みじめなものだった。しかし、歩いているうちに思い当たった。「おかげで今年は暖かいわい」。暗い面ばかり見ていても仕方がない、明るい方に目を向けなければと、痛感したのだ。

そう思って見渡すと、叡山の美しさは例えようもない。叡山スミレ、叡山カタバミや、一面の山アジサイ、谷間に見える白いホオの花。巨大な桧、杉などの林立する樹海。闇の中に目もくらむばかりの京の町の灯、夜明けころ、叡山の北端、横川を出て琵琶湖に映る日影の壮大さは、この世のものとも思われない。

薄明の中、笛のような、ノドをついて自殺した女の悲鳴にも似た〝夜明け鳥〟の声は気味が悪い。山は小鳥の楽園だし、山王さんのお使いといわれる猿の数も多い。蛇もいくらもいるが、「回峰行者は、いまだかつて蛇にやられた者はいない」というのが、一種の信仰のようになっている。

（比叡山長臈）

私の履歴書 ⑱

葉《は》上《がみ》照《しょう》澄《ちょう》

不眠不臥、九日が限界

肉体超えた力、荒行の知恵

回峰行を始めて五年目の昭和二十六年、七百日を回り終えて、私は無動寺の明王堂で断食断水、不眠不臥の行に入った。

断食

七百日の回峰が終わった日から断食に入るが、"生き葬式"といって縁のある方々にご馳走して、お別れをした後、一人お堂の中に入る。パタンと扉を閉められると、さすがに悲壮な感じがするものだ。

断食に入る前に、試しにちょっとやってみたのだが、腹が減ってしようがなかった。だが、いざ本番となると、腹など減るものではない。裏堂で小僧が悪魔になって、ガヤガヤやったり、餅を焼いて匂いを送り込んだりするのだが、そんなものではビクともしない。覚悟というのは、こんなに違うものかと、我ながら感心した。

食べない、飲まない、寝てはいけない、横になってもならない。それで九日間なのだが、食べなくても腸は蠕動（ぜんどう）する。前に食べたものが宿便になっているのだ。三日くらいでそれもなくなると「ナマク・サンマヤマンダラ」と、不動明王のご真言を唱えるのもやっとになる。

水を飲むのを禁じながら、殺生なことに夜半の二時に水を汲みに行かせる。閼伽（あか）といって泉からその日初めての水を汲んで、お供えするのだ。しかし、お堂に閉じこめられている身にとっては、それがまた救いにもなる。

九日間に十万遍の真言を唱えるのも、寝かさないための工夫でもある。ヤシの実でつくった専用の数珠をつかうが、もむと大きな音がする。同時にこの数珠で数取りをする。百八の珠を連ねているが、薬指を使って百ずつ数え、十万遍を唱える。とても寝ている暇などありはしない。

水さえ飲めば二十九日は生きられるといい、逆に水を飲まなければ三日で死ぬというのが、医学界の定説だという。確かに三日目になると、死人の匂いがしてくる。細胞が分解していくのだろう。口も臭くなる。

しかし、それでも死なない。五日目、中日の午後に脇息（わきそく）護法といって脇息が出る。板だけの脇息だから、ひじを付いたら骨をかむばかりに痛い。前に持ってきて軽く寄りかかるだけだ。

そして、うがいも許される。一日お椀に一杯。同じ大きさのお椀が出て、うがいをしたら、そちらにあける。そっちのお椀の方が水の量が増えていなければいけない。唾が出る分だけ増えるはずだというわけだ。口に含んでスッと飲み込んでやろうかと、思わないでもないが、それで七百日が無駄になってしまう。若いうちならいざ知らず、そのときかぞえで四十九。怖くてとても飲み込めなかった。

五、六日ごろがいちばん冴えて、頭がすっきりしている。だが、さすがに九日目はボーッとしていた。

京都府立医大の吉村寿人君（生理学）が調べさせてくれといって検査をしていたが、九日目の朝、私の目の瞳孔をみて「葉上さん死んだぜ」という。

人間、九八％肉体の力を使い果たして死んでも、まだ二％残っている。死んだ後も爪や髪が伸びるというし、棺の中に爪でガリガリかいた跡があったなどという怪談もある。吉村教授は私の場合は九八％の限界を超したという。三日で死ぬという定説を変えたらどうだといったら、あんたは別だ、山の上でイオンとかオゾンとか条件も違うだろうが、人間の体力を超えていながら、肉体の力があったからだと説明していた。

このあと千日満行後の十万枚護摩行を含め、私は三回断食をしている。その結果、自信をもって言えるのは九日がギリギリ、十日やったら死ぬということである。おそらく昔、十日やって死んだ人がおり、そこで九日の線が出てきたのだと思う。

九日なら安全かといえば、年齢や体質も違い個人差があるから、絶対安全とはいえない。絶対安全なら、そんなものは手品で許せない。さりとて絶対死ぬものなら、これもまた人道上許せない。そこに九日というギリギリの期間ができたのだ。先達に一切を任せて、目をつぶってその中に飛び込む。そうすることによって、肉体の力を超えた何か別の力が出てくるのだと思う。

（比叡山長臈）

私の履歴書

葉《は》上《がみ》照《しょう》澄《ちょう》 ⑲

一日二十一里を百日

子供の拝む姿に疲れ飛ぶ

回峰七百日の末の断食断水が終わると、六年目は一日の距離が十五里（六〇キロ）と倍に延びる赤山（せきざん）苦行。これからお伴がつくことになる。

京都大廻り

その翌昭和二十八年、いよいよ京都大廻りがやってきた。一日二十一里（八四キロ）を百日間。毎日午前零時に起きないと間に合わない。辛いことはいうまでもなく、ある行者は電信柱に抱きつき、グーッと寝てしまった。人に見られては恥ずかしいと、お伴の人が取り囲んで隠したが、いつまでも寝かせられないので、無理やり起こしたとか。

そんなボロを出してたまるか、と始めたが、二十一里を歩くと、足は団子のようにはれてしまう。歩き込むと固まるというが、五十日間はれっぱなし。くるぶしの方が膝小僧より太く、たけのこのようになった。

京都の大廻りコースというのは、まず比叡山をぐるっと回って雲母坂を修学院離宮まで下り赤山明神を拝み、東山に沿って銀閣寺前から平安神宮に出る。わらじ履きで奥へ通り、桓武天皇と孝明天皇を拝む。

そこから青蓮院、知恩院を経て八坂神社。そこに中村楼という茶屋があり、お昼をいただく。その後、清水を奥の院まで全部拝んで、六波羅から堀川を北へ。神泉苑、二条城の西を通って菅原道真の北野神社。続いて大宮通りから上立売、室町から上御霊へあがって出雲路橋へ出る。橋を渡れば下鴨神社。近くの河合神社を拝んで二十一里である。

午後十時ころ宿舎で仮眠し、翌日午前零時に起きて、今度はその逆回りをする。京都の西南を除いた四分の三を回るのだが、それが延暦寺の勢力範囲で、残りは東寺の範囲。従って大廻りには結界守護の意味があり、私も百日間、結界の中で火事などないよう一生懸命に拝んだ。

うれしいのは子供たちが待っていてくれることだ。コースの途中に毎日二千人くらいが待っていて、阿闍梨（あじゃり）さんが来たと、サッと座って手を合わせる。相手は子供だから、かがまなければ数珠を頭に乗せてやれない。フラフラなのだが、こらえて数珠を乗せてやると「あ、良かったっ」と飛び上がる。

幼児まで合掌のつもりなのだろう、両手で鼻のところを押さえてしゃがんでいる。野球帽を持っているから、五十人ほどついて来ているお伴の人に「キャラメルを入れてやってくれ」と頼んだりもする。

雨の中、お伴を連れての回峰行

アンパンとあだなを付けた子がいて、いつも必ず出てくるのに、その日に限っていない。捜しに行くと、家の中でシャツと格闘している。偉いもので、裸でいたときに私が通りかかったものだから、あわててシャツを着ようとしていたのだ。「ゆっくりせえよ」と待ってやった。

目を輝かせて待ち、無心に拝む姿を見ていると、こちらが逆に拝みたくなる。数珠を乗せて歩くうちに、疲れまで吹っ飛ぶ気がするのだ。

勝手な解釈かもしれないが、常不軽菩薩がお釈迦さまになり、お釈迦さまが我々のために不動明王となられたと、私は信じている。不動明王は左に綱を持ち、頭には蓮台をいただいている。左手のロープで引き上げた衆生を蓮台に登らせて、天上界に連れて行こうというのである。

私たちはそのまねをして、蓮台をかたどった笠をかぶる。蓮台の上に悩める人を乗せる、つまり人さまの土足を頭の上に乗せる下座の心だ。そういう心持ちで数珠を皆さんの頭に置くから、丈夫になる、頭が良くなると信じられる。

京都大廻りの後、元に戻って一日七里半、百日間の回峰をすませ、七年間一千日、延べ歩行距離四万キロの回峰行も大行満となった。昭和二十八年九月十八日、もう五十一歳になっていた。

（比叡山長臈）

私の履歴書

葉《は》上《がみ》照《しょう》澄《ちょう》

⑳

比叡山高校の校長に

修行する姿が無言の教え

七年間にわたる千日回峰行の思い出をつづってきたが、この間、回峰行だけやっていたわけではない。

教育

足袋を履くことも笠をかぶることも許されない三年間は、見習いだから特別なこともなかったが、昭和二十四年七月に回峰三百日を終えた後、十月から弁天堂の輪番になった。

そして翌二十五年、当時の中山玄秀座主にいわれて、比叡山高校の校長を務めることになった。私自身は修行のために叡山に入ったのであり、無動寺でお勤めする以外は何もするまいと思っていた。が、中山座主は「何もしなくていいし、何もしゃべらんでもいい。ただ回峰行者の一日も休まぬ姿を生徒に見せてやってくれ」といわれる。なるほど、それもそうだと思って、引き受けさせていただいた。

伝教大師の「山家学生式」は前にもちょっと触れたが、その中に、こういう一節がある。

「国宝とは何物ぞ。宝とは道心なり。道心ある人を名づけて国宝となす。故に古人の言(いわ)く、径寸十枚、これ国宝に非ず。一隅を照らす、これ則(すなわ)ち国宝なりと」

仏像とか建築だけが宝ではない、人間が宝なのだということを、没年の四年前、八一八年に既に言っておられる。

しかも「山家学生式」には、道心ある人をつくるための方法論まで示してある。十二年籠山というのは、いわば現在の六・三・三制だ。私の回峰行の場合も三年は基礎で、後の三年が実践だった。さらに一日を三つに分けて、三分の二は仏教学、三分の一は社会学を学べというようなことまで指示している。

これを見ても伝教大師は教育者であり、比叡山がいちばん古い大学であることが分かると思う。「山家学生式」を興隆して、比叡山を現代の理想的な教育の場にしたいという思いもあって、私は座主の要請を受けたのである。

しかし、私はまだ回峰行の最中だから、一人三役をこなさなければならなかった。夜中の二時から朝の八時までは行者。八時から午前十時まで学校におり、十一時ごろ山へ帰って弁天堂の輪番を務める。

日吉神社の方から白装束にわらじばきの行者姿のまま、雨の日はずぶ濡れになって校門をくぐり、講堂に入っていく。生徒たちは私の姿を見て、シーンとしてしまう。なるほど、しゃべる必要はないなと思った。そこで「おまえたち、しっかりやれ」と一言いって、般若心経を読誦して終わりだ。

校長が毎日、命賭けで修行している。そのこと自体が教育だと思った。

その後ろ姿を見て、先生や生徒が自分自身のことを考えてもよし、見過ごしてしまってもよし。それは個々人の受け止め方だ。

校長になって早速やったことは、「山家学生式」の「一隅を照らす」という言葉を校訓にしたことだ。この言葉は「縁の下の力持ち」と解され、消極的になりやすいので、「ポストにベスト」と翻訳して説明してやった。それぞれのおかれた立場、仕事に最善を尽くせということである。

また校門を入った坂の上に、伝教大師の童形の銅像を安置した。自費で彫刻家の長谷秀雄先生に作っていただいた。そこで登下校時に「おはようございます」「さようなら」と、それだけでいいから言うようにさせた。具体的なものがないと、規律ができないからと考えたのだが、この習慣は今でも守られているようだ。

もうひとつ、授業の前に級長が号令をかけ、先生に向かって礼をさせることを命じた。おかしな話だが、これが大津市で問題になり、教育委員会の委員たちや市長までが学校にやってきた。敗戦後の混乱期で皆迷っていたのだろう、ガヤガヤいうのだが、結局礼をさせることに賛成の者もいないし、反対の者もいない。

私は断固としてやらせる、だめだというならいつでも校長をやめるといった。すると「ひとつくらい、こういう高校があっても」と言い出したので、「よし、もう公認じゃぞ」と決めてしまった。授業がいつ始まったのか、終わったのか分からないような、けじめのない放任主義ではいけないと思ってやったことなのだ。

(比叡山長臈)

私の履歴書 ㉑

葉《は》上《がみ》照《しょう》澄《ちょう》

外界と接触断ち、没入

〝人生は一つの行〟と悟る

　昭和二十八年に千日回峰行を終えた後、翌二十九年には断食断水の十万枚護摩行を修め、三十年から三年間、新たに千日の運心回峰行、さらに三十三年から三年間は法華三昧行を行った。

　私たちの先輩には三千日間、回峰行に没入された方もあり、また大正二年には正井観順行者が二千五百日目の行中に、いちばん険しい無動寺谷の登り口の見晴らしのいい場所で、一生を終えられた。いわば行き倒れだが、ちゃんと北枕で、持ち物もきちんとして滅に入られたという。

　尊い極みだが、千日は一つの限界で無限を意味し、神さまを試すようなことを何度もすべきではないとの考えから、私の場合は回峰行は千日で終え、後の二千日は別の形をとったのである。

法華三昧行

　中国の天台智者大師は「摩訶止観」の中で、仏教の実践法として四種三昧を説かれている。常坐、常行、半行半坐、非行非坐の四つである。

　常坐三昧は、九十日を一期とした座禅で、天台では縄床という縄のクッションを敷いたいすの上に座し、頭に禅鎮というものを乗せて安定をはかる。文殊楼の二階から降りずにやる、いわば自力的なものだ。常行三昧はやはり九十日、常行堂に籠って弥陀念仏を行ずる他力的な行だが、この期間中座ってはいけないという大変なもの。

　三番目の半行半坐は法華三昧ともいわれ、三十七日間、毎日六回（午前二時、六時、十時、午後二時、六時、十時）、礼拝、ざんげ、行道、座禅、読誦、書写を行ずる。半行半坐といっても決して中途半端なものではなく、徹底した行である。そして非行非坐は、二十四時間いつも三昧に入っているという、型のない、期限もない平常行。それまでの一切の行の大成である。

　私が七年がかりでやった回峰行は、一種の常行三昧であり、そこで第二千日は常坐三昧としての運心回峰に移った。これは文字通り、心をめぐらして回峰を行ずるもので、回峰行の中心である無動寺明王堂の不動明王の前に端座して行った。毎日午前三時半から回峰中に拝む三百カ所の、日本国中の神仏をお呼び出し申し、いちいちご真言を唱え、間には心経などを誦するのである。

　運心回峰の千日間は、一日でも休んだら切腹すると公言して始めたが、それまでにあまりやられていなかったので、正直をいうと、ちょっと怖かった。年に百日、二百日の緊張が持続できることは回峰行で体験ずみだったが、今度は三年間ぶっ続け。

　一番心配したのは盲腸だった。いざとなれば手術をしなければならないが、行中は山を降りるわけには行かず、さりとて山の中で手術をしてもらうこともできない。「偉そうなことをいって、盲腸で死んだだけな」といわれたら恥だ。京都府立医大の吉村君に相談すると、あんたは盲腸にならんという。毎日お通じがあれば盲腸にならないそうで、私たちは精進料理だから絶対大丈夫だというのだ。それで、もう心配ないと運心回峰行に飛び込んだ。

　次の三年千日間は半行半坐三昧としての法華三昧をさせていただいた。初めの二年間は別行として無動寺建立道場の普賢菩薩と法華八軸の前で、毎朝勤行し、最後の一年は完全に外界との接触を断ち、侍者一人だけで、本格的な三昧行に没入した。

　前行七日、正行二十一日で、一年間十二回行じたのだが、文通も面会も断ち、新聞も見ずラジオも聞かないでいると、不思議と歌のようなものができてきた。

わびしきは懈怠心（けたいしん）なりしかもあれせめては鳥よきたりしば鳴け

眼はかすみ耳鳴り出でぬ脚だるし
尚ほナニクソの思ひはあれど

人生は一つの行と千年のこの行法にわれ生くるなり

　つたないが、私のすなおな感懐である。

　この行が終わったときから自然にそのまま非行非坐三昧に入っている。常住座臥、他に対して無心のうちに三昧にあらねばならぬ平常行。これはもはや私にとって死ぬまで続く行なのである。

（比叡山長臈）

私の履歴書 ㉒

葉上《はがみ》照澄《しょうちょう》

宮沢賢治に深い共感

根本中堂前に歌碑を建立

千日回峰に続く、次の千日の運心回峰行が終わった昭和三十二年、私は宮沢賢治の二十五年目の命日にあたる九月二十一日に、彼の歌碑を根本中堂の前に建てた。

ねがはくは
妙法如来
正徧知
大師のみ旨
成らしめたまへ

大正十年四月、根本伝教大師千百年のご遠忌に、賢治が父親と二人で伊勢神宮、比叡山、法隆寺の三カ所だけを巡礼したときに詠んだ、十二首の歌の第一首である。

文学と宗教

私が賢治と出会ったのは、比叡山に入った昭和二十一年ごろで、彼の友人、森荘已池さんが出した賢治の和歌集がきっかけだった。それまで「雨ニモマケズ」くらいしか知らなかったが、これで賢治に和歌があることも知った。

以後「手帖」や「農民芸術概論綱要」なども読みあさったが、その文章もまことにすばらしい。「近代科学者の実証と求道者たちの実験とわれらの直観の一致において論じたい」「世界がぜんたい幸福にならないうちは個人の幸福はあり得ない」。

〝世界ぜんたい〟というのは人間だけではない。山川草木悉皆成仏（しっかいじょうぶつ）。すべての生物、生きとし生けるものと、慈愛に満ちた友情を持とうとしているのだ。

文学者に宗教は分からない、反対に宗教者には文学が分からないといわれるが、それは実践がないからだと思う。文豪夏目漱石は英文学者で作家で、宗教を求めているのは明らかだが、サイエンスがない。森鴎外は医者で詩人だが、宗教がないと、私は思う。その点、賢治にはサイエンスとポエムと宗教の三つがちゃんとある。彼に傾倒したのは、そのためである。

彼の「雨ニモマケズ」の精神は、回峰行の根底にある常不軽菩薩の気持ちそのものだ。「ミンナニデクノボートヨバレ」ながら、一生懸命人のために働き通す、「サウイフモノニワタシハナリタイ」。「サウイフモノ」とは常不軽菩薩に他ならない。

その年の十二月二十一日には花巻の賢治の家を訪ね、母堂イチさんや弟、宮沢清六さん、清六さんの娘で碑の除幕式で綱を引いてくれた潤子さんらにお目にかかった。翌年二月からは法華三昧の千日行に入るので、この機会にと出かけたのである。

歌碑の拓本の前で賢治の母、弟妹と

母上は八十歳で床につきがちとのことだったが、すっかり正装され、白い手ぬぐいで姉さんかぶりにして待っていてくれた。控えめで口数の少ない方で、集まった妹さんたちが、兄が、兄がと語ってくれるのを、ニコニコ聞いているばかりだった。まるでお蚕（かいこ）さんのように、おなかの中まで透き通って見えるような感じだった。

賢治の家は浄土真宗だが、賢治は法華経信者になり、両親に「たとえ信仰でなくてもよいから題目を唱えてくれ。そこに必ず自分が出てお答えする」とまで打ち込んでいた。私はその年二月に亡くなった父徳次郎翁と賢治の両方を拝んだ。叡山では法華経を大念仏といい、念仏を小法華という。だから、まず法華経の中心眼目である如来寿量品第十六の自我偈を拝み、続いて念仏を拝んだ。

母上は涙を流して喜んでくれた。私も山へこもるので三年後の再会を約束し、「八十三歳まで、きっと元気で待っててくださいよ」といって別れたのである。

帰途、「亡き母よりも　年たけて
更に清らに美しき　賢治の母は
我がために　身体いとへと云ひたもう　ああ　そはわが母の　生きの言葉か」との詩をつづった。

賢治の母上には、その後約束通り、八十三、八十五、八十八歳と、三年ごとにお会いすることができた。

（比叡山長臈）

私の履歴書 ㉓

葉《は》上《がみ》照《しょう》澄《ちょう》

聖地に日本寺を建立

報恩の事業、初代竺主に

三千日の行を修め、昭和三十七年、琵琶湖畔の東南寺住職となった。その年、初めてインドを訪れた。

インド

インドの仏蹟巡礼は、確かその前年、奈良薬師寺管長橋本凝胤さんの一行が戦後一回目で、私たちが二回目だった。このインド訪問がきっかけで、釈尊成道の聖地ブッダガヤに日本寺を建立しようという報恩の事業が計画された。

そのためにはインド政府から建設用地の提供を受けなければならず、折衝にあたったのが、東京・目黒の祐天寺住職、鹽谷勝雄さんだった。大正大学の柔道部出身で、粘り強い性格の持ち主。彼の努力の結果、四、五年後、ビハール州政府から九十九年間用地貸与の許可が出た。

そのお礼のために、妙心寺管長の山田無文老師と私が再びインドに出かけた。三年間雨が降らないという大旱魃（かんばつ）のときで、無文老師は日本寺を建てて文盲をなくすための教育施設を作ろうといわれたが、私はまず井戸を掘って、その後で寺を建てましょうと、土地の住民を雇って井戸を掘らせた。炎天下の水ききんを見て放っておけなかったし、何事もスパッと行くのが好きな性分なのだ。

その後、印度山日本寺が出来上がり、私は初代竺主（じくしゅ）に推挙された。日本なら法主とか山主というところだが、インドは昔天竺と呼んでいたから竺主というわけだ。晋山式を終え、ニューデリーでシン大統領にあいさつをした際「竺主だからあなたより上かもしれん」と冗談をいうと、「宗教者は最高の指導者ですから」と、シーク教徒の大統領は極めてまじめな顔でいわれた。

私たちは、この事業を日本の全仏教徒の釈尊に対する一大報恩行として進めようと、財団法人国際仏教興隆協会を設立した。教育、医療、農業の三つを柱とし、付帯事業を推進しているが、すでに菩提樹学園という幼稚園や診療所も出来上がった。

ブッダガヤにはビルマ、スリランカ、チベットなどの寺もあるが、それらは寺と宿泊施設だけなのである。それだけに私たちがこういう社会事業をすることで、大乗仏教の実像を理解してもらえると思うのだ。

ご存じの通り、南方のタイやビルマなどは、いわゆる小乗仏教で、彼らはこれこそ真正仏教といっており、一方、中国や日本は大乗仏教である。釈尊のした通りに実行しようという態度、「輪廻転生」を信じ、

日本寺竺主となった筆者

戒律も全く元のままという純粋な態度が小乗的見地であり、枝葉末節にこだわらず、釈尊の精神を生かせばよい、社会生活のただ中に仏道を行じようというのが大乗仏教である。

これは一方では現実無視の方向、いわば敗北主義につながり、他方は悪しき現実肯定に陥る可能性があり、ともにお釈迦さまの教えから遠ざかる結果になりかねない。こうした南方の戒律尊重の純粋な態度と、北方のこの世に仏国土を建設しようという菩薩の道との結合が、日本的仏教の形成だと思う。

それはさておき、私たちの考えが理解されたせいか、ビハール州のキドワイ知事が非常に協力してくれた。イスラム教徒なのだが、学長を兼ねているマガダ大学の医学部、農学部をあげて事業を応援してくれているのだ。

マガダ大学で最近、フランス語、ドイツ語、日本語の学科を新設して学生を募集したところ、フランス語、ドイツ語の希望者は少なく、日本語学科に学生が集中してしまったという。日本に対する夢と期待が大きいのだなと、改めて考えさせられた。

その後、十二月八日の成道会には毎年のようにインドに巡拝している。印度山日本寺を拠点に仏教の名において、米ソの谷間に落ち込んでいるアジア全体を立派なものにしていきたいというのが、私たちの念願なのである。（比叡山長臈）

私の履歴書

葉上《はがみ》照澄《しょうちょう》

㉔

運動進め、世に広める

伝教大師の精神、学生らに

比叡山では"一隅を照らす運動"というのをやっているが、私も昭和

一隅を照らす

三十八年から四十一年まで教化部長をやらされたり、運動の副会長を命じられたりして、比叡山の金看板ともいうべき「一隅を照らす」をどう理解してもらおうかと、知恵をしぼった。

前にも書いたが、「一隅を照らす」は山家学生式の、

故に古人の言(いわ)く、径寸十枚、是れ国宝に非ず、一隅を照らす、此れ則(すなわ)ち国宝なりと。

にある言葉である。径寸は直径三寸の白い玉、国と交換できるくらいの価値ある玉だが、それが十個の意味。

この草稿が残っており、現在横川の収蔵庫に収めてある。「照千一隅」と読めるが、私どもは「照于一隅」と聞いている。学者は「一隅に照(かがや)く」と読むべきだ、いや「一隅を照らす」だと議論をしているが、「どっちでもいいじゃないか。一隅に輝いておって、それが全体を照らすんやろ」と思っている。

「春秋左氏伝」の中に「一隅を守って千里を照らす」という有名な言葉がある。一隅を確保してそれをしっかりやると、全体が輝く。これが出典のようだ。

そんなわけで、比叡山高校では、「ポストにベスト」と訳して説明したのだが、婦人会などでは「半歩前進」と翻訳している。最近の婦人は強いから「一歩前進ではあかんですか」と聞いてくる。そんなときは、「あかん、あかん。あんたらは一歩前進したら二歩後退や。スロー・アンド・ステディでなければあかんのや。一歩前進なんてめっそうもない」と答えている。

比叡山は俗化しているという声を聞くが、確かに東塔の方は俗化している。私が教化部長だったころ、根本中堂にやってくる中高校生に、何とかして「一隅を照らす」を理解してもらおうと思って、担当の者に、「観光的なことを言うな。伝教大師の精神を語れ」と指示し、同時に生徒たちに合掌させることにした。

板の間にござを敷いてあるだけだが、そこに正座させて合掌させる。初めは照れくさいのか下の方でやっているが、十分も話をしているうちに、いつの間にか胸の前で手を合わせている。修学旅行だから、寺や神社には嫌になるほどお参りするだろうが、一番印象に残っているのは比叡山で合掌させられたことだと、報告にも出ていた。生徒たちといえどもやはりそういうものを求めているのだと、意を強くしたものである。

"一隅を照らす運動"を具体的に進めるにはどうしたらいいかと考えていたときに、茅誠司先生が「小さな親切運動」を始められた。悪口を言う人もいたが、決してそんなことはない。「小さな」は「一隅」に当たり、「親切」は積極性であり、「照らす」ことである。

茅さんに会って、大変立派な運動だということを言った後で、「小学生と中学生くらいまでが対象で、このままではかえって偽善者を作る恐れがある。目標としてオリンピックまでというのも不満だ。運動の根底に宗教というものがなかったらあかんと思いまっせ」と申し上げた。茅さんは「それは百も承知だ。しかし、この運動に宗教を入れたら混乱が起こるだけだ。だからあえて道徳問題に限っている」と答えられたことを覚えている。

ついでに「山家学生式」の中で、「一隅を照らす」と並んで有名な言葉をもう一つ紹介しておこう。

乃(すなわ)ち道心あるの仏子、西には菩薩と称し東には君子と号す。悪事を己に向へ、好事を他に与へ、己を忘れて他を利するは、慈悲の極(きわみ)なり。

「忘己利他」(もうこりた)をキリスト教では隣人愛という。これは宗教の世界精神といっていいと思う。

以前、比叡山の掲示板に「忘己利他　慈悲之極」と書いておいたら「忘己利他　貧乏之極」とやられたことがある。そう思うのも無理はないが、この精神こそ個人、家庭はもちろん、社会、国家を築き、世界をつくる礎石である。「もう、こりた」などと言わずに考えていただきたいものだ。

(比叡山長臈)

私の履歴書

葉《は》上《がみ》照《しょう》澄《ちょう》 ㉕

平和祈願、エジプトへ

二大教団の和解を目的に

宗教交流

インドを訪問した後、私はアジア各地を訪れるようになり、中でもシルクロードには五回旅をした。シルクロードの終着点を見届けようとシリア、ヨルダンへ行き、日本へ帰ってホッとしていると、鎌倉・円覚寺の朝比奈宗源老師から会いたいという電話を頂いた。お伺いすると、いきなり「エジプトへ行ってほしい」と切り出された。数日前にヨルダンから帰ったばかりで、というと、「それは好都合だ。そこからはひと飛びだ」。加えて「ほんとうは私が行きたいんだが、主治医が飛行機に乗せてくれない。天衣無縫に生きようと思っていたんだが、私は静岡生まれなので、羽衣を取られてしまった。あなたはペガサスで、天馬空を行くような人だ。よくよく考えてお頼みするんだから」といわれる。エジプト行きの理由はこうだった。

「だれもが世界平和をいうが、世界に七、八億の信徒を持つローマ・カトリックと、アラブ、東南ア、アフリカにやはり八億の信徒を持つイスラムの二大教団が、エルサレムの帰属問題で対峙したままだ。我々が朝夕、世界平和を祈っても、二大教団がこの状態では結果は空しい。ローマ・カトリックとイスラムを和解させることが先決である」

「日本は原爆の洗礼を受けた唯一の被爆国であり、原爆の出現によって初めて人類は絶滅することを知った。神はなぜ広島、長崎を選んだのか。少なくとも神がモーゼにシナイ山で十戒を授けてから三千三百年、その人類の祖業の後始末を日本の宗教者に命じたのかもしれない。そう思うとやりがいもあろう。エジプトのサダト大統領は強い宗教的信念の持ち主のようだ。機会は今だと思う」

老師の話を聞いているうちに、私は伝教大師の「大道いまだ弘まらざれば、大人興り難し」という言葉が胸に迫ってき、「その仕事に残された私の生涯を賭けよう」と決意した。

昭和五十年十二月、私は日本イスラム協会代表の斎藤積平さんとカイロへ飛んだ。到着翌日、千十年の歴史と伝統を持つアズハルを訪れ、バチカンの教皇に相当するシェイク・アズハルを辞したばかりのモハメッド・ファハーム博士に会った。

「日本にいらっしゃいませんか」という私の誘いに、ファハーム博士は「アラーの思召しです。喜んで参ります」と答えた。

あまりのあっけなさに驚いていると、博士は「私は今八十歳になったが、かつて日本の青年にアラビア語を教えたことがある。その青年が勉強を終えて食事になると、必ず合掌してお祈りし、食べ終わるとまた合掌する。東洋の小さな島国の国民がどんなにか深い宗教心を持った国民であり、その宗教はどんな宗教なのだろうと、興味と尊敬を持っていたので、ぜひ一度日本を訪ねたかったのだ」という。ファハーム博士はソルボンヌ大学を出たアラブ随一の碩学で、ナセル大統領が帰依していた人であり、日本青年というのは、ライオン宰相といわれた浜口雄幸氏の娘婿で、後にアフガニスタンの初代大使になった北田正元氏だった。

約束通り、ファハーム博士はイスラム最高審議会のオ－エイダ事務総長、アズハル大学の教授ら一行八人とともに翌年六月、日本にやって来た。世界連邦日本宗教委員会主催の第八回平和促進宗教者大会に特別ゲストとして参加し、「イスラムの倫理と平和」と題して、気品のある講演をしてくれたのである。これが日本宗教者とイスラムとの最初の正式な出会いだった。

世界連邦日本宗教委員会は昭和四十二年に発足した超宗派組織である。アインシュタイン、湯川秀樹両博士の提唱で、賀川豊彦師の指導を得、さらにはパウロ六世による第二バチカン公会議の回勅にこたえて設立され、朝比奈宗源老師を中心に、神道、仏教、キリスト教、教派神道、新宗教などの代表が参加した。

あくまで宗教者の立場を堅持しながら、平和運動を推進することを念願としており、発足と同時に、毎年各地で平和促進宗教者大会を開催してきたが、ファハーム博士らの参加を機に、国際交流が活発になってきた。現在は私が会長を務めているが、二十一世紀に向けて、平和実現のために努力を積み重ねているつもりである。

（比叡山長臈）

私の履歴書

葉上《はがみ》照澄《しょうちょう》 ㉖

サダト大統領に提案
厳重警備の中、聖地で実現

ファハーム博士を日本に招いた翌昭和五十二年五月、今度はイスラム最高審議会の招きで、日本宗教使節団の団長としてエジプトを再訪した。知恩院顧問の稲田稔界さん、明治神宮権宮司の副島広之さん、大本教代表の広瀬静水さん、立正佼成会理事長の長沼基之さんらがメンバーだった。

三教の共同礼拝

カイロ郊外のカナート・エル・ハイリヤー宮殿でサダト大統領と、当時副大統領だったムバラク氏と会談したが、大統領は思ったより背の高い、精悍な鋼鉄のような感じで、額に一銭銅貨くらいのこぶができているのが印象的だった。イスラム教徒は毎月五回、決められた時刻にメッカに向かって礼拝するが、額のこぶはそのためにできたのだという。

サダト大統領は私に「仏教とはどんな宗教か」と聞き、心と心をつなぐためには具体的にどうすればいいのかとも質問した。私はとっさに「仏教は最も寛容で、他宗教を尊重し、尊敬する」と答え、心の交流には青年による文化交流が最善だと伝えると、深くうなずいていた。

私が半切に書いた伝教大師の「照于一隅」を見せ、「ポストにベスト、大統領の職責を命がけでやり通しなさい」と言うと、満足そうな笑顔で何度も握手を繰り返した。

帰国後、礼状に添えて、旧約聖書による同じアブラハムの子孫であり、経典の民として同じ兄弟であるユダヤ教、キリスト教、イスラム教の対話を進言した書簡を送った。ところが、その年の十一月十九日にサダト大統領の劇的なエルサレム訪問が実現した。彼の身命を賭した実行力には全く驚いた。そこで今度はお祝い状に添えて、シナイ半島が返還されたら、シナイ山でユダヤ教、キリスト教、イスラム教の三教による世界平和のための共同礼拝式をやったらどうかと書き送った。

停戦協定が成立し、シナイ半島の返還が発表された直後、エジプト大使館から大統領の緊急招待状が来ているから、すぐにカイロに行ってほしいとの連絡があった。あわててニューヨークの聖ヨハネ大聖堂長のモートン師に同行を求め、大本の出口京太郎さん、広瀬静水さんと日本を飛び立った。

カイロ空港から空軍基地に案内され、シナイ山行きの特別輸送機で、世界最古といわれるセント・カテリーナ修道院に到着した。

返還式場はその下の低地でラハと呼ばれるところ。簡素な返還式のあと、シェイク・アズハルのビサール博士が導師になり、シナイ山に向かい砂地に伏して、ユダヤ、キリスト、イスラム三教それぞれの典礼で共同礼拝を執行した。

サダト大統領に軸を贈る（右端はムバラク現大統領）

ヘリコプターで乗り付けたサダト大統領は「このラハの地に三教の共同礼拝堂を創建する。我々は皆、同じアブラハムの末裔である。戦いや争いで兄弟の血を流してはならない。この聖堂を建設するために、世界の他宗教者の協力もお願いしよう」とスピーチした。私たち異教徒を招いていることを意識しての格調の高い演説だった。

そのサダト大統領が五十六年十月六日、過激派イスラム兵士に襲撃されて暗殺された。犯行声明の中で、ユダヤ教と握手したことを第一の理由にあげているのを知り、私は自分が代わって殺されるべきだったと思った。

この受難は決然と受けて立つべきだと覚悟して、私はモートン師、広瀬師とも相談して、シナイ山での共同礼拝を秘かに計画した。

五十九年三月、アメリカ、エジプト、イスラエル、日本の代表百三十人がラハの聖地に結集して、共同礼拝は実現したが、式場は岩陰を選び、小高いところではエジプトの警備隊が自動小銃を持って見守っていた。

（比叡山長臈）

私の履歴書 ㉗

葉《は》上《がみ》照《しょう》澄《ちょう》

世界の宗教家集まる

心打つ教皇のスピーチ

ピネドリー枢機卿と扇と帽子を交換して

「戦争は人の心の中に始まる」というのはユネスコ憲章の冒頭にある言葉だが、そのユネスコは国連のUNに、教育のE、科学のS、文化のCと続け、機構のOを加えてUNESCOと略称したものである。平和へのとりでを築こうという組織なのに、なぜそこに宗教のRを入れなかったのか。京都のユネスコの理事をしている私は、国連大使に聞いてみたことがある。答えはこうだった。

「宗教の重要性を見落としたわけではない。しかし、世界史を見ると七回にわたる十字軍の戦争をはじめ、宗教上の争いから残虐な戦争が起こっている。地上に平和をもたらすはずの宗教が、逆に何度も戦乱の原因になっているのだから、宗教はむしろ避けるべきであるというのが、大多数の学識者の意見だった」

ローマ

私の世界平和への旅は、こうして始まったのである。エジプト訪問と前後して、私は昭和五十三年七月、ローマの南にあるローマ教皇の避暑地ネミ湖畔で開かれた日本・バチカン宗教者会議にも出席した。その年三月、浅草寺開創千三百年の記念講演会に出席したバチカンの諸宗教連絡聖省長官、ピネドリー枢機卿との雑談から生まれた会議だった。

日本の宗教者が世界の宗教者と語る最初の試みで、日本からは神社本庁統理の徳川宗敬、明治神宮権宮司副島広之、浅草寺執事長壬生台舜、立正佼成会理事長長沼基之の諸師ら、神道、仏教の代表者が参加した。

私はローマ教皇パウロ六世に会議のお礼を申しあげたが、ちょうど中東に再び暗雲がたれこめた時期だったので、「少なくとも今年のクリスマスまでは戦争が起きないよう、私はイスラムの指導者に話しますから、あなたはユダヤ教の指導者に話してください」とお願いした。教皇はその後、レバノンに二度、平和特使を派遣されたが、お目にかかってわずか十日後の八月七日に昇天されてしまった。「他の宗教を尊重するだけではたりません。心から尊敬しなければなりません」といわれた言葉が、今も心に残っている。

それから八年後の昨年十月、今度はヨハネ・パウロ二世の招請状を受け、ローマの北二百キロにあるアッシジを訪問した。三千日の行中は病気一つしなかった私だが、その夏から入院したままで、九十日間の病床生活を終え、琵琶湖畔の守山病院の玄関からの旅立ちだった。

アッシジは十三世紀、第五回十字軍戦争でイスラム軍の総帥に、単身停戦を呼びかけた聖フランシスコの教会がある地で、ここに全世界の宗教指導者百人が集まって、平和の祈りをささげようというのである。ミサの二十七日、第一部の会場セントマリア・デリ・アンジェリ教会は一万人の巡礼者が広場を埋め尽くし、全代表者が黙祷をささげた。

第二部は十二カ所の教会に分かれて祈り、仏教は伝播の順にダライ・ラマ教主を導師とするチベット仏教を皮切りに、上座部仏教、天台宗、浄土真宗本願寺派、曹洞宗永平寺、高野山真言宗、立正佼成会と祈りを続けた。第三部は全代表が聖フランシスコ大聖堂に集まり、仏教から始め、ヒンズー教、イスラム教、ジャイナ教、神道、シーク教、アフリカ・アメリカ部族宗教、ゾロアスター教、ユダヤ教と祈りの儀式が続き、最後にプロテスタント、ギリシャ正教、英国聖公会、そして教皇を導師とするカトリックの祈りで終わった。

最後に教皇は「カトリック者が平和への使命に常に忠実ではなかったことを認めるのにやぶさかではない」「宗教指導者は非情な戦争がもたらしている苦難を忘れないでほしい」「我々の生命、平和は神の贈りものであることを再度強調したい。このアッシジの精神に従って、世界の諸宗教の指導者が、神に謙虚に平和をこいねがってほしい」などとスピーチした。私は鞭で打たれたような痛みを感じながら聞いていた。

（比叡山長臈）

私の履歴書 ㉘

葉《は》上《がみ》照《しょう》澄《ちょう》

カトリック教会と結ぶ
世界の宗教史上初めて

昭和五十年十月から、私は京都・栂尾の高山寺住職を兼任しているが、アッシジで世界宗教者の平和の祈りが行われた昨年十月、その高山寺と聖フランシスコ教会が〝兄弟教会〟の約束を交わした。カトリック教会と仏教寺院が〝兄弟〟になったのは、世界の宗教史上初めてのことだ。

兄弟の契り

高山寺は明恵上人が後鳥羽上皇から学問所を譲られ、「日出先照高山之寺」の扁額を賜って開山した。上人は自らを〝釈尊の遺子〟と称し、常に全仏教的立場で釈尊の跡を行うことに身命をささげられた方である。

五十三年の春、世界連邦日本宗教委員会などの後援で、アッシジの男女混声のコーラスが来日し、京都でもコンサートを開いた。私にもあいさつをといわれたが、いつも粗末な黒の僧衣だし遠慮していた。ところがコーラスの指導者、ニコリーニ神父も聖フランシスコの教え通り、清貧、貞潔、従順を意味する裸足で、三つの結び目のある縄帯という清楚な格好だった。

妙に親近感を覚え、あいさつに立って「明恵上人（一一七三―一二三二年）と聖フランシスコ（一一八一―一二二六年）は八百年前の同じ時代に生をうけて伝道され、まったく同じ清貧な生涯を送られている。直接の関係なしに同じような偉大な人物が出生されるのは、大気が成層圏をすごい勢いで動いており、同じ霊気をお吸いになったからだろう」などと話した。

それを覚えておられたのだろう。昨年五月、バチカン訪問の際にアッシジを訪ねると、兄弟教会の話が持ち上がった。

聖フランシスコ教会の壁面は、聖フランシスコの栄光をたたえるピエトロ・ロレンツェッティとジョットの作品で飾られているが、入り口近くに、ジョットの描いた小鳥に説法する聖フランシスコの絵がある。ベバニヤへ赴く途中、小鳥たちが聖人のそばにやって来て、羽を広げ服をついばんだりする。そこで聖人は小鳥たちに説法を始めたという事実を描いたものだ。

明恵上人にもよく似た絵がある。弟子の行忍作の「樹上坐禅像」だ。上人は高山寺の裏山の一つの峰を楞伽（りょうが）山と名付け、そこの樹の上で座禅をされたが、絵では右上に十数羽の小鳥たちがさえずっており、左上にはリスが禅定に入った上人をのぞき見るようにしている。

明恵上人樹上坐禅像（部分）

釈尊を敬慕した上人は二度もインドへの旅を志して断念しているが、生まれ故郷の和歌山県・湯浅の湾内の島に行かれたとき、この水が天竺まで続いていると、島から持ちかえった石を高山寺にすえられ、「われなくて後に偲ばぬ人なくば飛びてかへりね鷹島の石」と書きつけられた。石には今でもかすかに墨蹟が残っている。しかも上人はこの島にあてて「島殿」と長文の手紙を書いておられる。

聖人、上人の心の世界では人も小鳥も小石も、何ひとつ隔てるものはなく、皆小さな兄弟だったのだろう。

そして昨年十月、平和の祈りに参加する代表団と共に、私は高山寺信徒使節団二十五人の方々と同行し、ミサの前日、聖フランシスコ教会を訪れた。数十人の修道士による賛美歌合唱、聖フランシスコ会本部のセリーニ総長による聖書の朗詠、私たち使節団の般若心経斉唱などのあと、兄弟教会の約束書にサインした。

約束書では「ツイン（双子）・チャーチ」となっているが、明恵上人の方が八歳年長だから、本当はブラザー（兄弟）だろう。だが、より親密の情を込めて、そう表現したのだと思う。この誓いで、世界平和のために今後一層努力することを約束するとともに、手始めに聖フランシスコ、明恵上人の研究をしている学者の交流を図ることに合意した。

（比叡山長臈）

私の履歴書 ㉙

葉上《はがみ》照澄《しょうちょう》

カイロ大生を日本へ

寺に泊め〝日本〟学ばせる

文化交流

サダト大統領と約束した青年による文化交流を実現するため、私はカイロ大学に日本語学科を創設するよう努力し、設置後は卒業生を日本への研修旅行に招いている。私が会長を務める世界連邦日本宗教委員会と日本国際青年文化協会（ジャパン・インターカルチャー）の共催事業で、第一回は全学年四十人、二回目は二十人、三回目は十二人を招き、以後は成績優秀な学生五人に絞って毎年続けている。

増上寺、明治神宮、立正佼成会、石清水八幡宮、黒住教、大本教、中山寺、多賀大社などにホームステイさせてもらい、日本語や日本文化の勉強をする。その中でも特に優秀な学生は、その後、池の坊学園、裏千家にお世話してもらって、生け花と茶の湯を勉強させている。

来年からはインドのマガダ大学日本語学科の学生も招致しようと考えている。これらの若い人によって、日本の伝統文化が、どう異文化の中に移植されるかが楽しみだ。同時に、日本文化を習うことによって、彼らが自国の文化に誇りをもち、さらに埋もれた文化を再発掘して、人類文化の創造に役立たせるのが何よりも大切だと思っている。

ひるがえって日本の現状を見ると、今の教育制度はだめだと思わざるを得ない。大正大学の教授をしたり、比叡山高校の校長などを務めた経験から、教育が一番大事だと考えているが、現在の六・三・三制には疑問がある。

教育は人間の成長する生理学的な研究を裏付けにして組み立てなければいけない、と私は思う。私はドイツ語の教師を十六年もやった人間だが、そのくせドイツに行っても、口をついて出るのは嫌いだった英語なのである。それも中学一年程度のものだが、あの当時の〝基礎工事〟がいかに大事かと思い知らされる。

そんなことからも記憶力の最も旺盛な中学一、二年の間に、何事もたたき込まねばいけないと痛感する。ところが現在の教育は、義務教育の延長、機会均等などの美名の下に、その一番大切な時期をうかうかと過ごさせている。声変わりし、色気づいた中学三年では遅い。色気づいてからお経を教えてもだめだし、植木職でも何でも声変わりの前からやっておかねばものにならないという。

いろいろいわれている大学問題は、つまるところ中学問題だという由縁だが、歴史の歯車を戻すわけにはいかないというなら、自衛するしかあるまい。中学一年になったという自覚と誇りを子供にもたせ、いい先生を集中的に一年生の担当にするのだ。

これと関連して四月新学期制も見直しをしてはどうか。入学直後の落ち着かない気分のまま長い夏休みに入るより、読書、スポーツの秋で浮かれても、一—三月をみっちり勉強できる九月入学の方が合理的だし、外国の新学期とも合う。大正九年九月に六高に入った私の懐旧の思いもあるが……。

もう一つ、教育に関して知っていただきたいのはソ連の児童憲章である。その中に、絶対に子供を学校でたたいたり打ってはならないという一条があり、今も守られているという。レーニン夫人のクルプスカヤさんが、スイスで世界各国の文献を集めて、レーニンに教えたらしい。

ところが伝教大師最澄上人のご遺誡の結語にも「我れ生れて自（よ）り此来（このかた）、口に麤言（そげん）無く、手に笞罰（ちばつ）せず、今我が同法、童子を打たずんば、我が為に大恩なり、努めよ努めよ」とある。バカヤローなどと言ったことはないし、竹のむちで手のひらをたたいたこともない。弟子どもよ、どうぞ子供をたたいたりしてくれるな、大恩に思うぞ、ということだ。

クルプスカヤさんが集めた文献の中に、このご遺誡が入っていたのか、あるいは一高の教授をしていたペツォルトという人が坊さんになって、伝教大師のことを英語で書いていたから、その辺から伝わったのか。私自身もソ連に行った折に調べたりしたが、いまだによく分からない。しかし、何らかの関係があったはずだと信じている。

（比叡山長臈）

私の履歴書

葉《は》上《がみ》照《しょう》澄《ちょう》

㉚

現代の新戒律運動を

開かれた形こそ今必要に

純粋に十代の昔に帰れるという意味で、旧制六高の同窓会は楽しみな会である。同窓会の最後に「だいろくころとがっころ、バンザーイ」と音頭をとるのが、決まって私の役目になっている。というのも、私は万歳がうまいからだ。戦時中、出征兵士を送るたびに町内会長が壮行の辞を述べ、副会長だった私が「バンザーイ」とやっていた。両腕をまっすぐ伸ばして勢いよくやったので、いつの間にか、子供たちが「万歳のおじさん」といって後をついてくるほどだった。

仏門改革

それは余談だが、六高の先生で独身だったせいか、学生を大変かわいがってくれた方があり、この先生が亡くなったあと、サッカー部の連中など、お世話になった者たちが毎月命日に集まるようになった。

先生はクリスチャンだったので、簡素な十字架がかざられるのだが、「十字架だけじゃなんとなく頼りない。戒名をつくってくれ」という声が上がり、よしと私が戒名をつけ、十字架に小さな巻物をぶら下げた。そのあげく、先生の遺骨を比叡山の阿弥陀堂に収めることになった。

さらにその後、先生の遺志でスーダンのハルツームに分骨して埋めてほしいという話があった。「ハルツームには行けないが、ナイル川ならつながっているからいいんじゃないか」と聞くと、結構だという。そこで今年三月、エジプトを訪れた際に、先生の遺骨をナイル川に流し、船上で供養してきた。

クリスチャンの遺骨を比叡山に収めるなんてと非難する人もあるだろうが、私は仏教もキリスト教も、帰するところは一つだと思っている。ましていわんや、仏教の宗派同士の対立はいけない。

よく法華と念仏は折り合わなくて、犬猿の仲のように思われている。法華は善人でも悪人でも救われるといい、念仏は悪人こそが救われるというのだが、法華経の寿量品は阿弥陀さまのことだから、法華も念仏も通じ合うはずだ。仏教同士が対立していてはならない、という全仏教的立場を私はとる。教鞭(きょうべん)をとった大正大学も宗派を総合した大学だし、叡山も仏教の根本道場だから、私のそういう考えも許されると思うのだが……。

いずれ仏門の存在価値が厳しく問われる時が来るに違いないと思って、私は現代の新戒律運動をやろうとしている。戒律といえば、今までは「してはならない」と閉じられた形なのだが、「しなくてはならない」という開かれた形の戒律が必要だと思うのだ。

六高で人気のあった先生の遺骨を流したナイル川で祈る

新戒律運動にからんで主張しているのが、出家二十六歳、五十六歳説だ。仏縁をもって生まれてくる若い人たちにとって、出家は大きな悩みの種になると思う。そこで大学を出て二十六歳くらいになったら、仏門に入るかどうか決心しろというのだ。百人中九十九人は嫁さんがほしいに決まっている。その人たちは寺を出て、社会で働いたらいい。

それから三十年たって五十六歳。そこでもう一度考えてみなさい。たぶん五人くらいは、よし一人でいこうという者が出てくるだろう。それではお寺は若僧と老僧だけになってしまうかもしれないが、本当に得心した者だけが集まるのだから、今とはだいぶ違ってくると思う。

東南寺に高橋実照という、私より四歳年上の弟子がいる。社会人としての仕事が定年になって、これからはいいことはできそうにないが、消極的でもいいから悪いことをせずに生きていきたいといって入ってきた。そういう生き方もおもしろいと思って弟子にしたのだが、本当によくやってくれている。

こんな主張がはたして受け入れられるかどうかわからない。しかし、私なりに仏門改革の具体策として考えた末の結論なのだ。(比叡山長臈)

日本経済新聞　昭和62年(1987年)10月31日（土曜日）

私の履歴書

葉上《はがみ》照澄《しょうちょう》

㉛

これよりは生れ変りのわれなりと
　こころ悠悠からだゆったり

平和の実現に向けて、遅ればせながらも私たち宗教者が一歩、二歩と踏み出した実証であった。

宗教サミット

大祈願世界に対す賢治かな
　われいまやっと宗教サミット

昨年十月、アッシジで開かれた世界平和の祈りの集いに出発する直前、大患を得て伏していた病床で歌った心境である。

そして今年は、伝教大師最澄上人が比叡山を開創されて千二百年になり、延暦寺では種々の記念大法要が執行された。中でも八月三、四の両日開催された比叡山宗教サミットは、アッシジの世界平和の祈りの集いの精神を受け継いだものであり、

比叡山宗教サミットは、山田恵諦座主をはじめ全山が一丸となって、十六カ国二十四人の各宗教代表を招請し、日本側も仏教、神道、教派神道、新宗教、キリスト教、諸教が一致協力して行われた。

私も議長団の一人として参加したが、会議では各宗教の代表が「平和への道」を語り、「平和の願いは、いかなる宗教にとっても根本的なものである」との〝比叡山メッセージ〟を採択した。

世界宗教者平和の祈り式典のあと、閉会のあいさつに立った名誉議長の山田座主は「今回のサミットの成果は、今後の我々の行動にかかっている。世界平和を祈る宗教協力がアッシジから比叡山、そして平和が実現するまで、第三、第四の地で引き継がれることを祈願したい」と述べた。宗教サミットも世界平和への一歩にすぎず、今後の道のりは長いのである。

世界平和への第一歩

安らかな二十一世紀願う

大比叡世界宗教放送の
　拠点の仕事第一とせむ

平和実現のためにも、私が考えているのは、標高八四八㍍の比叡山の頂上に、宗教放送の発信局をつくることである。バチカンでは既に行われているが、情報社会の日本に平和のための宗教放送局があってもおかしくはあるまい。ここを拠点に世界各国語でニュースやメッセージを流す。平和への動きを促進する一助になると確信している。

来年のことを言うと鬼が笑うなどというが、最後に十四年後の私の夢を書いておこう。今世紀はあと十三年で終わる。十四年後の二〇〇一年、二十一世紀の一年目を平和暦元年とする新しい暦を、世界の子供たちにプレゼントしたいと思っている。

キリスト教が西暦、イスラム教がイスラム暦、ユダヤ教がユダヤ暦、仏教が仏暦を、それぞれ持っているのは結構だが、それを超えて世界平和のメルクマールとして、人類全体の新しい暦を持ったらどうだろう。キリストも「新しい酒は新しい革袋に入れなさい」と説いている。そのために、今世紀の残された十余年の歳月を世界の全宗教者が叡知を出し合わねばならない。

二十一世紀は現代の青年、学生が担う世紀であり、今、幼稚園、保育園の庭で遊んでいる子供たちの時代である。彼らのためにも二十一世紀は、戦争と廃虚の苦痛に満ちた二十世紀の延長線上にあってはいけない。そのことをきっぱりさせるためにも、新しい暦をつくらねばならないのである。

そう言いながら、私自身の中に「それでいいのか。それでは遅すぎるのじゃないか」という不安があることは事実である。だが、生きている間に達成できる理想などたかが知れている。永遠にできないから、逆に人類が永遠に生きられるのではないかと思ったりもするのだ。それにしても、戦争や、人類の絶滅だけは何としても避けたい。それが私の願いである。

あくまでも謙虚な教へ仏教は
　二十一世紀へやうやく顕はる

（比叡山長臈）

＝おわり

あすから　日本電気会長　小林　宏治氏

付録二

葉上照澄略年譜

明治三六年　八月二一日　岡山県赤磐郡石生村大字原三〇八番地、葉上慈照長男として誕生

〃　四五年　三月二八日　岡山市門田常住寺住職今川大然師の法嗣として得度、法名「大照」

大正　五年　三月三一日　岡山県赤磐郡石生村立石生尋常小学校卒業

〃　九年　三月三一日　岡山県立岡山第一中学校四年修了

〃　一〇年　八月　五日　四度加行履修

〃　一一年　四月二一日　補中律師

〃　一二年　三月三一日　第六高等学校卒業

〃　一四年　六月一〇日　岡山市門田常住寺住職拝命

〃　一五年　三月三一日　東京帝国大学文学部哲学科卒業

〃　一五年　四月　一日　大正大学専任講師

昭和　二年　大正大学教授

〃　三年一〇月三〇日　入坦灌頂履修

昭和　三年一一月　一日　開坦伝法履修
〃　八年　四月二一日　補大律師
〃　一三年　四月二一日　補権少僧都
〃　一五年　九月二九日　伝戒師天台座主梅谷孝永の下にて登坦受戒
〃　一五年一〇月　一日　探題梅谷孝永会下にて堅義遂業
〃　一七年　岡山常住寺にて金剛山塾を開く
〃　一七年　四月二一日　補少僧都
〃　一七年　六月　山陽新聞論説委員に就任
〃　一八年　七月一五日　第五教区会議員就任
〃　一九年一〇月　一日　天台宗宗議会議員就任
〃　二一年　三月　比叡山入山無動寺叡南祖賢師に師事
〃　二三年　三月二三日　延暦寺一山護心院住職に転住職
〃　二三年　三月　壱千日回峯行入行
〃　二三年　四月二一日　補僧都

昭和二三年一〇月　四日　延暦寺一山南山坊住職に転住職
〃二四年　四月二一日　補権大僧都
〃二四年　五月　八日　比叡山行院指導員拝命
〃二四年　七月二一日　補大僧都
〃二四年一〇月　　　　比叡山無動寺弁天堂輪番奉職
〃二五年　六月　一日　比叡山中学校・高等学校校長に就任
〃二五年　九月　　　　補権僧正
〃二六年　三月一三日　延暦寺学園理事就任
〃二六年　五月　一日　叡山学院指導員拝命
〃二八年　九月一八日　壱千日回峯行満行
〃二九年　九月三〇日　補僧正
〃二九年一〇月二三日　天台会講師勤仕
〃二九年一二月　五日　運心回峯壱千日行入行
〃三一年　八月二九日　大堂復興事務局掛員拝命

昭和三一年　九月　一日　開宗記念一、一五〇年法会事務局掛員拝命
〃　三四年　一月　御修法事務局行事拝命
〃　三四年　二月　延暦寺一山建立院住職へ転住職
〃　三四年　九月二〇日　補権大僧正
〃　三六年　四月　比叡山行院行監拝命
〃　三六年　五月　横川中堂輪番拝命
〃　三七年　六月　四日　長講会執事勤仕
〃　三八年　一月　御修法事務局奉行拝命
〃　三八年　六月　延暦寺副執行に就任、教務部長拝命
〃　三八年　九月　一日　比叡山行院院長拝命
〃　三九年　三月　延暦寺学問所教学部主管拝命
〃　三九年　四月　天台宗布教師三等待遇
〃　三九年　九月　宗祖大師一、一五〇年大遠忌事務局記念事業部長拝命
〃　四〇年　六月　延暦寺教育助成財団理事就任

昭和四〇年　六月　四日　長講会散華勤仕
〃四一年　二月一八日　延暦寺副執行に就任、教化部長拝命、宗祖大師一、一五〇年大遠忌並に御誕生一、二〇〇年慶讃法要事務局記念事業部長拝命
〃四一年　五月　一日　比叡山居士林所長拝命
〃四一年　五月　一日　延暦寺布教会理事就任
〃四一年　六月　　　　天台宗ボーイスカウト連合会協議会顧問委嘱
〃四三年　三月一〇日　延暦寺一山行光坊住職に転住職
〃四四年　二月一九日　延暦寺副執行に就任、教化部長拝命
〃四四年　二月二二日　宗祖大師一、一五〇年大遠忌法要事務局法要部長拝命
〃四四年　四月二一日　補大僧正
〃四四年　八月二一日　補延暦寺長﨟
〃四六年　四月　一日　天台宗布教師二等待遇
〃四六年　六月　四日　長講会唄匿勤仕

昭和四七年　六月一八日　延暦寺学問所能化拝命
〃　四八年　六月　四日　長講会講師勤仕
〃　五〇年　四月　一日　天台宗布教師一等待遇
〃　五〇年　五月二五日　京都高山寺住職就任
〃　五一年　八月二五日　戸津説法勤仕
〃　五二年　五月　エジプト政府の招聘によりサダト大統領と会見
〃　五三年　一月　四日　監正局局員拝命
〃　五三年　七月　日本バチカン宗教者会議（ネミ会議）開催
パウロ六世教皇と会見
〃　五三年一二月一八日　補望擬講
〃　五四年十一月　サダト大統領の招請によりエジプト・シナイ山返還式典に
参列
〃　五六年　六月　世界宗教者倫理会議（WOREC）を東京で開催
〃　五六年一一月　京都国際同志会会長就任

昭和五七年　七月　　　世界連邦日本宗教委員会会長就任
〃五八年　四月　一日　仏教伝道協会理事長就任
〃五九年　三月　　　シナイ山にてユダヤ教・キリスト教・イスラム教・神道・仏教の代表者が集い共同礼拝を開催
〃五九年一二月　八日　印度山日本寺の初代竺主就任
〃六〇年　四月　一日　比叡山開創一、二〇〇年慶讃大法会事務局掛員拝命
〃六〇年　九月二八日　滋賀院門跡拝命
〃六〇年一〇月　　　㈳日本国際青年文化協会会長就任
〃六一年一〇月　　　アッシジにおける世界平和祈りの集いに参列
　　　　　　　　　　アッシジの聖フランシスコ教会において高山寺と兄弟教会の契約調印式典を挙行
〃六二年八月三・四日　比叡山宗教サミット開催
〃六三年　三月一一日　天台宗宗機顧問拝命
〃六三年　三月　　　エジプト・イスラエル訪問

昭和六三年　五月一二日　天台宗国際平和宗教協力協会顧問拝命
平成　元年　二月一〇日　一隅を照らす運動会長就任
〃　元年　三月　七日　大津市下坂本三丁目六番十四号東南寺に於て午前八時、急性心不全にて遷化
〃　元年　三月　九日　滋賀院門跡にて密葬儀
〃　元年　四月一六日　滋賀院門跡にて延暦寺葬を以て本葬儀
法号は「常不軽行院望擬講大僧正大行満大先達照澄大和尚」

あとがき

このように本編を振り返ってみますと葉上阿闍梨の時代に翻弄された生き様が見えてきますが、阿闍梨の生きた時代は皆がそうだったのでしょう。多感な青年期を文学に耽り、時代は激動の時代へと移っていきます。自己の体験においても最愛の妻を亡くした虚脱感、自己との葛藤。ときとして時代が人を作る、人物を生むということも何か分かるような気がします。

青年期に文学作品と哲学書を読み漁《あさ》り、「文学は男子一生の仕事にあらず」と哲学を目指す。それらの素地が、さらには仏教の実践法門である回峰行にと彼を駆り立てるのです。

わたしは師にお仕えした約十三年間、始めのころはほとんど口もきけず環境に同化するのに三年ほどかかりました。それというのも、そのころの師は留守がちでした。わたしの生活も慣れたころ、師が体調をくずされ入院、寺の小僧と病院通いの毎日でした。師がわたしに対して態度が変わられたのはそのころからでした。寺の小僧というよりは書生のようにわたしを受け入れてくれ、「現実に〝ほとけ〟っていると思うか?」「浄土院での好相行の仏のお姿を拝するっておまえ、どう思う?」など、矢継ぎ早に話されました。このようなやりとりの中で決して偉ぶることもなく目線を落して問い掛けてくれました。また、人前でお話（法話）をしているとき、「お前さんが分ってない難しい話をするな！」ととがめられたこともありました。

このように見てまいりますと、人類の歴史は飽くなき普遍性の追求であって、葉上阿闍梨も、口癖のように、「科学に裏付けされない宗教なんてだめや！」とか、「合理を超えた上での非合理という世界それが宗教的観点だ」とも話されていました。

学究の世界に身を置きながら、敢えて実践法門の道を選ばれたところに、飽くなき普遍性を追求されてきた葉上阿闍梨の思想・哲学・心情があったのではないかと思うのです。

この本の出版に当っては、ダイセーグループ会長・田中孝一氏はじめ善本社の手塚容子社長から全面的にご支援をいただきました。それから、元ポーランド大使の田邊隆一ご夫妻、ご令嬢のさやかさんには、いろいろとアドバイスをいただいたことに感謝と御礼を申し上げる次第です。

（著者）

著者略歴　　横山照泰（よこやま・しょうたい）

昭和 26 年、福井県に生まれる。
昭和 51 年、中央大学法学部卒業。
同年 3 月、比叡山の葉上照澄師に師事する。
昭和 54 年、叡山学院専修科卒業。
平成 16 年、延暦寺副執行、教化部長・参拝部長歴任。
平成 20 年より比叡山行院院長。
平成 25 年、天台宗参務、一隅を照らす運動総本部長を務める。
現在、延暦寺一山護心院住職。

伝説《でんせつ》の葉上大阿闍梨《はがみだいあじゃり》

令和元年　八月二十一日　初版発行
令和五年　十二月八日　二刷発行

著者　横山照泰
発行者　手塚容子
印刷所　善本社製作部

〒101-0051　東京都千代田区神田神保町二―十四―一〇三
発行所　株式会社　善本社
TEL（〇三）五二一三―四八三七

落丁、乱丁本はおとりかえいたします

ISBN978-4-7939-0481-3　C0015